LLEW LLWYDIARTH

Llew Llwydiarth

Golygydd: William Owen

Argraffiad cyntaf: Mawrth 1997

Ni chaniateir defnyddio unrhyw ran/rannau
o'r llyfr hwn mewn unrhyw fodd
(ac eithrio i ddiben adolygu)
heb ganiatâd perchennog yr hawlfraint yn gyntaf.

Rhif Llyfr Safonol Rhyngwladol:
0-86381-424-7

Clawr: Smala

Argraffwyd a chyhoeddwyd gan Wasg Carreg Gwalch,
Iard yr Orsaf, Llanrwst, Dyffryn Conwy LL26 0EH
☎ (01492) 642031

Y Llew Frenin

'Mae'n debyg mai dim ond un Derwydd go iawn sy' 'na
ar ôl yng Nghymru bellach – Llew Llwydiarth, arch
Archdderwydd Môn – cartref y Derwyddon . . . Mae dim
ond 'i weld o'n bregeth!'
(Ifor Bowen Griffith ar ddechrau'r saithdegau)

Cynnwys

Cyflwyniad

Ystyriaf hi'n fraint arbennig i gael ysgrifennu cyflwyniad i'r gyfrol nodedig hon.

Y tro cyntaf imi weld Llew Llwydiarth oedd yn Niwbwrch yn 1959. Yr oeddwn wedi cystadlu yng nghystadleuaeth y gadair – awdl ar y testun 'Y Ffordd i Emaus'. Yr oedd llun ar wal cegin fy nghartref o'r Iesu'n teithio gyda'r ddau ddisgybl ar y ffordd i Emaus a diau i'r llun hwnnw ddylanwadu arnaf. Hefyd, y mae'r hanes am y daith ryfeddol honno yn un o uchafbwyntiau'r Efengyl yn ôl Sant Luc. Sut bynnag, y Cyn-Archdderwydd Gwilym Tilsley a Rolant o Fôn oedd y beirniaid a bûm yn ffodus i ennill y gadair – cadair hardd gerfiedig o waith David Jones, Niwbwrch. Ymgynullodd aelodau Gorsedd Beirdd Ynys Môn ar y llwyfan, yn cael eu harwain gan ŵr urddasol – Archdderwydd o'i gorun i'w sawdl. Nis anghofiaf y seremoni; dyma gael fy nghadeirio gydag ysblander – gallwn yn rhwydd gredu bod yr Archdderwydd o linach hen Dderwyddon yr ynys.

Cefais y fraint o gael fy nghadeirio yr eildro ganddo, a hynny yn Amlwch yn 1961. Testun yr awdl bryd hynny oedd 'Yr Ynys' ac yr oeddwn wedi canu awdl i Ynys Bŷr, sydd nid nepell o Ddinbych-y-pysgod ar arfordir Sir Benfro. Yr oeddwn yn byw gerllaw Llandyfái ar gyrion tref Penfro ar y pryd. Credaf fod y Llew yn siomedig nad oedd neb wedi dewis Ynys Môn yn destun – dywedodd rhywbeth i'r perwyl hwnnw yn y Babell Lên. Roedd yn siomedig na fyddai mwy wedi cystadlu gan ei fod yn credu bod 'Yr Ynys' yn destun da. Dywedais wrtho wedi'r seremoni honno nad oeddwn wedi cael fy nghadeirio gyda'r fath urddas o'r blaen. Gafaelodd yn dynn yn fy mraich a chan wenu o glust i glust gofynnodd imi ail ddweud hynny. Pan oeddwn yn cael fy nhywys o'r llwyfan gan yr Archdderwydd, daeth rhyw ŵr ataf gan ddweud wrthyf mai ef oedd wedi rhoi'r gadair i'r eisteddfod – Mr Jones, yr Emporium, Amlwch. Ond er mai ef oedd rhoddwr y gadair dyma'r Llew yn ymestyn ei fraich a symud y gŵr yn ddiseremoni oddi ar lwybr Gorsedd Ynys Môn! Oedd, yr oedd Gorsedd Ynys Môn ac Eisteddfod Môn yn golygu llawer iawn iddo, ac yr oedd y profiad o gael eich cadeirio gan y Llew yn debyg o aros yn y cof weddill eich oes.

Cyflawnodd William Owen gymwynas fawr drwy fynd ati i gasglu'r ysgrifau cofiannus hyn am wrthrych y gyfrol.

Gwelir parch, edmygedd, cyfeillgarwch a diffuantrwydd yn hydreiddio'r cwbl gan greu portread o gymeriad diwylliedig ac unigryw. Wrth ei ddarllen fe'm hatgoffwyd o werinwr unigryw o Wyddel, Tomás Ó Crohan, gŵr a ysgrifennodd glasur o hunangofiant yn ei famiaith yr oedd yn gymaint meistr arni, y Wyddeleg. Ganed Tomás Ó Crohan yn 1865 ar ynys y Blasged Fawr. Treuliodd ei fywyd yno a bu farw yn 1937. Cyhoeddodd ei hunangofiant – An t-Oiléanach (Yr Ynyswr) yn 1926. Cyhoeddwyd cyfieithiad Saesneg Robin Flower o'r gyfrol – The Islandman yn 1929, a cheir cyfieithiad Cymraeg D. Myrddin Lloyd o bennod olaf yr hunangofiant yn Lleufer, cyfrol VII, rhif 4, gaeaf 1951. Yn y llyfr mae'r awdur yn disgrifio'r bywyd garw ac anturiaethus a fodolai ar yr ynys. Mae'n hanesyn gwefreiddiol sy'n disgrifio byd a bywyd a aeth heibio ac ar derfyn y gyfrol dywed Tomás paham y casglodd ei atgofion ynghyd:

Sgrifennais yn fanwl ar lawer mater am imi ddymuno y byddai cyfrif yn aros rywle amdanynt, a gwneuthum ymgais i roi ar gof a chadw y math o ddynion a oedd o'm cwmpas fel y byddai'r wybodaeth i'w chael ar ôl hyn gan na bydd eto neb o'n bath ni.

Dyna dynged anorfod dynion a chymunedau o dan dreigl amser. Dywedwn am y portread cyfoethog a geir o'r cymeriad nodedig Llew Llwydiarth yn y gyfrol hon – cedwir yma'r cof am werinwr o Gymro na bydd eto neb o'i fath ef. Diolch am a gafwyd.

Jâms Nicolas

Rhagair

Soniwch am Sir Fôn wrth rywrai o'r tu allan iddi a meddyliant yn syth am Bont Telford a Thŵr Marcwis, Atomfa'r Wylfa neu Rio Tinto, y Bardd Cocos neu Ffair y Borth, yr A5 a phorthladd Caergybi, a chyda phob dyledus barch does 'na fawr ddim arall ar ôl yno erbyn heddiw. Ac eithrio rhyw fân bliorod hwnt ac yma, does dim mynyddoedd ar ei chyfyl; does dim afonydd gwerth sôn amdanynt chwaith. Mae'n wir i un o'i meibion fod yn ddigon haerllug unwaith i ddadlau nad oes modd rhestru'i henwogion mwy nag y gellir rhifo tywod Llifon, ond waeth cyfaddef ddim nad oes ganddi hithau mewn gwirionedd, mwy na'r un sir arall, fonopoli mewn gwŷr mawr. Os hi piau Goronwy, mae'r Cardi'n bownd o hawlio'i Ddafydd ap Gwilym. Cyfeiriwch at John Williams, Brynsiencyn ac fe deflir Evan Roberts y Diwygiwr yn ôl atoch chi gan bobl y De! Am bob Ifan Gruffydd bytheiria pobl Meirionnydd am eu Bob Owen, eu Bob Lloyd a'u Bob Tai'r Felin. Mae ei chanu hi yn 'goch' neu'n 'groch' neu y ddau, a 'moch' ydi'i phobl hi.

Ond dyweder a fynner, gwaedded nhw nes bod eu hwynebau yn las, doedd 'na ddim ond un Llew – a hi oedd piau hwnnw. Ei mab hi oedd o. Allai hi mo'i wadu, hyd yn oed pe dymunai wneud hynny; ond fynnai hi ddim ar unrhyw gyfrif wrth reswm mo'i wadu – y fo, a fu'n gymaint o gefn iddi am gymaint o flynyddoedd.

W. Charles Owen i bobl Somerset House, Wil Ponc 'r
Aur i rai o'i genhedlaeth yn ardal Pentraeth, Llew Llwydiarth
i bawb arall. Cipar wrth ei alwedigaeth i gychwyn, amaethwr
gloyw ar ôl hynny; pregethwr cynorthwyol hefyd, un o'r
hoelion wyth ymhlith y brid hwnnw. Yn y pulpud edrychai
fel un o broffwydi'r wythfed ganrif er bod tuedd ynddo i fod
braidd yn hirwyntog ar ambell bnawn Sul go drymaidd.
Cynghorydd sirol yn ogystal, henadur i fod yn fanwl. A
bardd! O leia yr oedd am roi'r argraff ei fod yn fardd ac fe
stryffagliodd am flynyddoedd hyd lethrau Parnasws nes
ennill ohono, yn hwyr y dydd, ei unig gadair – cadair
Cemaes, am ei awdl (os *ei* awdl hefyd!) ysgythrog ei harddull
i'r 'Llen'.

Fo oedd Alpha Gorsedd Beirdd Ynys Môn a bu'n
Dderwydd Gweinyddol cyhyd fel yr ofnid mai ef fyddai ei
Homega yn ogystal, ond fe ymddeolodd, neu fe gaed gwared
ag o – mae peth dadlau yn union p'run sy'n gywir – jyst
mewn pryd!

Doeddwn i ddim yn ei adnabod yn rhy dda. Cofiaf mewn
rhyw Steddfod Môn neu'i gilydd – y Fali 1968 onid ydw i'n
cyfeiliorni'n ddifrifol – 'mod i'n digwydd eistedd union y tu
ôl i Cynan tra bod y Llew yn mynd drwy'i bethau ar y
llwyfan yn ystod defod y cadeirio. Roedd hi'n brynhawn
poeth eithriadol, yntau'n galw am 'Heddwch' bob yn ail ag
ebychu a thuchan, 'Rydw i'n chwys diferol yn y fan yma –
gwaeddwch bobol cyn i ddyn lewygu yn y fath wres – ydw mi
rydw i'n chwys diferol . . . ' a minnau'n sylwi ar yr Iarll
Farsial mawr ei hun – neb llai – o 'mlaen i yn gwaredu ac yn
gwingo yn ei sedd am fod urddas y seremoni yn cael ei golli.

Unwaith erioed y bûm yn y ffau – rhyw ychydig fisoedd
cyn ei farw, a'r blynyddoedd erbyn hynny wedi dechrau
gadael eu hôl arno. Casglu deunydd ar gyfer llunio sgwrs
radio ar y Cadfridog Owen Thomas oedd y bwriad. Cefais fy
nhywys i gegin Arosfa, y bynglo yr aethai i fyw iddo ar ôl
rhoi'r gorau iddi. Yno yr oedd o, yn hynafgwr llawn dyddiau,

yn eistedd yn ei gadair ac yn syllu'n fyfyrgar drwy'r ffenest a chlampan o gath goch ar ei lin.

Waeth pryd y gwelswn o cynt, ar lwyfan neu mewn pulpud, am un o gewri'r Hen Destament y meddyliwn bob tro. Hwyrach mai'r penwyndra oedd yn gyfrifol am y peth – ac am y patriarch Eli y cofiais y diwrnod hwnnw, canys fel Eli gynt yn Seilo, 'y gŵr oedd hen a thrwm' – roedd y ddau fel ei gilydd dros eu deg a phedwar ugain.

'O! A phwy ydach chi felly?' Dyna ei gyfarthiad cyntaf.

Fe'i hatebais beth yn nerfus,

'Rydw i'n enedigol o Sir Fôn 'ma, o ardal Carreg-lefn fel y mae'n digwydd, ond 'mod i'n byw ym Mhorthmadog ar hyn o bryd.'

'Felly wir. A be ydi'ch gwaith chi?'

'A . . . a . . . athro ysgol . . . yn . . . Ysgol Eifionydd.'

'Hm! Athro go giami oni fedrwch chi siarad yn uwch.' Dyma godi rhyw ddesibel neu ddau ar fy llais a dechrau ar fy neges.

'Wedi dod draw rydw i i ofyn faint ydach chi'n 'i gofio am Owen Thomas. Roeddwn i'n deall eich bod chi'ch dau yn ffrindia ers talwm?'

'Oeddan siŵr! Ond i be ydach chi isio gweiddi cymaint y llymbar? Ei gofio fo? Ydw, neno'r Tad.'

Ymsythodd yn ei gadair gan beri i'r gath hithau stwyrian. Tynnais bapur a phensel o 'mhoced a dechreuodd yntau draethu'n oraclaidd fel petai'n un o'r gwladweinwyr pennaf yn cynnal cynhadledd i'r wasg.

'Fo roddodd wisgoedd i 'Ngorsadd i . . . '

'O ia?'

'Wyddoch chi be oedd ganddyn nhw cyn hynny?'

'Be oedd ganddyn nhw be?'

'I'w gwisgo siŵr iawn.'

'Na wn i.'

'Dim ond ysnodenni'n unig . . . '

'Tewch da chi.'

Doedd gen i 'run syniad ar y pryd beth yn union oedd ysnodenni, er nad oedd wiw i ddyn fradychu'r fath anwybodaeth chwaith!

Troi'r stori 'mhen tipyn i'w holi amdano'i hun.

'Ydach chi'n dal i ymgodymu â'r awen?' A chael ateb cwta,

'Wn i ddim beth am ymgodymu, wnaeth hi erioed fy llorio i beth bynnag.'

Yna distawrwydd am ennyd, yn cael ei ddilyn gan hanner gwên ac ebychiad arall,

'Mae ambell i gymydog marw yn 'i deffro hi weithia.'

Fe gyhoeddodd gannoedd o englynion ym mhapurau Môn yng nghwrs y blynyddoedd gan bydru arni i'r diwedd. Un o'r rhai olaf welais i oedd englyn yn *Yr Herald* i goffáu cyd-eisteddfodwr iddo, yr actor a'r boneddwr John Huws, Llannerch-y-medd a'i rhagflaenodd ddim ond o ryw chwe wythnos.

Ar y bwrdd o'i flaen roedd *Cyfansoddiadau a Beirniad-aethau* Eisteddfod Genedlaethol Hwlffordd, a'i felltith yntau'n drwm ar y cyfan.

''Sgin i ddim i'w ddeud wrth y twllwch yma,' meddai'n sarrug. Gwnes innau'r pwll yn futrach drwy gyfeirio'n ddiniwed at ei fuddugoliaeth yng Nghemaes flwyddyn a hanner ynghynt. Safai'r gadair a enillasai yno yng nghornel yr ystafell.

'Peidiwch â sôn am y lle,' taranodd. 'Che's i 'rioed f'insyltio cymaint; dyna'r peth hylla, sala, mwya annheilwng 'nillodd yr un bardd 'rioed.'

Mae'n amlwg nad oedd cadeiriau yn y dull cyfoes – er na welwn i yr un dim o'i le arni – yn apelio o gwbl! Tebyg ei fod wedi gobeithio cael un o'r creadigaethau cerfiedig trymion rheiny sydd angen hanner dwsin o ddynion i'w chodi a'i symud!

Roedd o'n dechrau blino. Codais innau i fynd. Bûm yn seiadu ag o am ryw dri chwarter awr a chyn imi adael rhoddodd ei fendith arnaf mewn ychydig eiriau dethol.

Cerddais innau allan wysg fy nghefn fel petawn ym mhresenoldeb y Pab ei hun!

'Dewch eto yn fuan 'machgian i,' meddai. 'Rydw i'n hen wyddoch chi . . . yn hen iawn . . . a does gen i fawr ar ôl . . . ond mi ddeuda' i hyn wrthach chi, pan a' i, fe fydd yr hen Shir 'ma'n gwagio cryn dipyn. Fydd hi byth 'run fath hebdda i dalltwch.'

Na, does dim dwywaith nad oedd o'n llawn traha a hunan-dyb, yn ymffrostgar, ystyfnig, penderfynol, hyd yn oed yn boendod ar brydiau, ond hwyrach mai yn y ffaeleddau digon dynol rheiny, yn rhywle, y gorweddai cyfrinach ei gryfder yn ogystal.

Ond ers chwarter canrif bellach bu'n fud, mor fud â'r llewod ar Bont Britannia neu'r Meini Llog y rhuodd gymaint oddi arnynt gydol ei oes faith, eithr mor wir ei broffwydoliaeth y buasai'r hen Sir yn gwagio wedi iddo fo fynd. Fu pethau byth yn union 'run fath wedyn, canys y gogoniant a ddiflannodd ac 'ICHABOD' o hyd yw'r gri ar ôl marw'r Llew a dod i'w therfyn linach hir hen Dderwyddon Môn.

* * *

Rwy'n ddiolchgar dros ben i'r holl gyfranwyr am eu hymateb parod i'm cais am ddeunydd, ond nid yw'r pwnc wedi ei ddihysbyddu eto chwaith, na'r cyfan oedd i'w ddweud amdano bellach wedi ei draethu. Argraffiadau ac atgofion personol unigolion sydd yma wedi'r cwbl, a sylweddolais yn eitha buan fod llawer o'r storïau a oedd mewn cylchrediad amdano wedi tyfu a magu cynffon gyda threigliad y blynyddoedd. Rhai yn haeru mai yn y steddfod a'r steddfod y digwyddodd y peth a'r peth – nage ddim, meddai eraill, ond yn y fan a'r fan! Ac oedd, yn aml iawn yr oedd hi'n anodd gwahaniaethu rhwng y gwir a'r gau, am fod pob mathau o fythau wedi tyfu o'i gwmpas erbyn hyn.

Y mae'n ddiamau hefyd fod yna lawer o bethau eraill a wnaeth ac a ddywedodd y Llew, nad ydynt wedi eu cofnodi yn y llyfryn hwn. Eithr y mae'r pethau a groniclir ynddo wedi eu rhoi ar gof a chadw er mwyn rhoi rhyw syniad i'r rhai sy'n trigo 'y tu hwnt i'r afon', ac o bosibl i genhedlaeth newydd o drigolion yr ynys (os oes rhywrai ohonynt ar ôl a chanddynt ddiddordeb yn y cyfryw bethau) am y ffenomena ryfedd honno a fu'n troedio daear Môn mor eofn a hyderus ac a sodrodd ei bersonoliaeth mor gadarn ar sawl cylch o weithgarwch ynddi yn ystod tri chwarter cyntaf yr ugeinfed ganrif.

Ni fydd pawb, hwyrach, yn cymeradwyo y bwriad o restru ei gampau fel hyn. Ond mae un peth yn sicr, byddai ef ei hun yn croesawu'r cynllun yn frwd ac yn ystyried y syniad nid yn unig yn un da ond yn wir yn un gorchestol! Wedi'r cwbl, o bryd i'w gilydd fe fwriodd sawl egin brifardd ei brentisiaeth yn Eisteddfod Môn ac fe'u coronwyd ac fe'u cadeiriwyd oll yn eu tro ganddo ef yn ôl pob braint a defod – beth bynnag am urddas – Gorsedd Beirdd 'hynafol' yr ynys honno! Ac fe fyddai'n llawenhau yn ddirfawr pe gwyddai fod o leia ddau ohonynt, a hwythau bellach yn Gyn-Archdderwyddon Gorsedd Beirdd Ynys Prydain, wedi anfon cyfraniadau i'r gyfrol sydd heddiw'n ei goffáu ac yn peri iddo lefaru eto.

* * *

Nid yn unig rwy'n ddyledus i'r llu cyfranwyr, ond rwy'n cydnabod ar yr un pryd y cymorth parod a gefais gan nifer o gyfeillion eraill yn cynnwys Emyr Jones, Caernarfon; Emyr Parry, Llanaelhaearn; Dewi Jones, y Benllech; Jennie Rolant Jones, Llangefni; Nia Thomas, y Gaerwen; Ann E. Hughes, Bodffordd; Meirion Llewelyn Williams, Caergybi; Dafydd Islwyn, Bargoed; Eirwen Morgan, Amlwch; James Arnold Jones, y Rhyl; y Parchedigion Elwyn a Gwenda Richards, Porthmadog; R. Alun Evans a Mair Mathafarn, heb anghofio chwaith Fflur a Robin a'u mam. Yn yr un modd, diolchir i

Lys Eisteddfod Môn, Gwasanaethau Gwirfoddol Gwynedd, yn ogystal â chyhoeddwyr y *Daily Post*, *Y Cymro* a'r *Herald Cymraeg* am gael cynnwys cerddi ac erthyglau y perthyn yr hawlfreintiau iddynt hwy.

Trom fy nyled hefyd i Esyllt Nest Roberts o Wasg Carreg Gwalch am ei thrylwyredd arferol ac i berchennog hynaws y Wasg honno, y Prifardd Myrddin ap Dafydd, am ei ymddiriedaeth a'i gefnogaeth bob cam o'r ffordd.

William Owen
Borth-y-gest, Chwefror 1997

Y Mistar a'r Gwas

Tŷ fferm ar gyrion Llannerch-y-medd wrth ichi fynd am Garmel ydi Pen Dref ac yno y symudodd fy nheulu yn 1925. Roedd 'nhad, Huw Roberts, yn gweithio ar fferm Ynys Fawr. Dilyn ôl ei droed o yng nghrefft gyntaf dynol ryw oedd fy uchelgais innau.

Clywodd Llew Llwydiarth 'mod i ar gael a daeth i Ben Dref i 'nghyflogi. Doeddwn i ddim wedi cyrraedd fy mhymtheg oed ar y pryd. Tynnodd ei lyfr bach o'i boced, ynghyd â'i bensil a'i sbectol a dechrau ar ei bregeth.

'Mi geith o ddechra nos Difia' am bedwar o'r gloch – ac i fod yn y tŷ erbyn deg bob nos. Iawn Huw . . . ?'

'Iawn,' meddai 'nhad.

'Ddydd Sul mae disgwyl iddo fynd i gapal Carmel yn y bora a'r pnawn a Chapal Ifan yn y nos. Iawn Huw . . . ?'

'Iawn,' meddai 'nhad drachefn. Fasa fo ddim yn meiddio anghytuno wrth gwrs!

A dyna sut y gosododd y Llew delerau fy nghytundeb. Doedd dim dewis. Roedd yn rhaid i ddyn dderbyn yr amodau yn ddiwahân.

Bryn Owain oedd cartref Llew ac Ann, ei wraig, ar y pryd, ond ym Mhenrhos, Carmel yr oedd o'n ffermio. Eithr ym Mryn Owain yr oeddwn i i gysgu. Ar fy ffordd yno ar drothwy'r wythnos gyntaf digwyddais daro ar John Owen, Tan Bryn.

'Dallt dy fod ti'n dŵad i Garmel 'cw i weithio.'

'Ydw.'

'Wyt ti'n nabod y forwyn yno?' holodd wedyn.

'Nac ydw w'chi Mr Owen,' atebais innau.

'Wel, mae hi'n beth ddel ofnadwy,' ychwanegodd. 'Bwnshiad o wallt coch ganddi. Mi fydd hi'n cysgu i fyny'r grisiau ar y chwith a chditha ar y dde. Gwna'n fawr o'th gyfla! Pan glywi di'r Llew yn chwyrnu mi fydd yn saff iti godi i fynd ati.'

Ac wrth reswm, mi wnes innau'n fawr o'r cyfle hwnnw gan ymlwybro'n ysgafndroed at y llofft briodol. Ond fe roddodd hi'r sgrech fwyaf cythreulig – er, dydw i'n amau dim na fu i mi ddychryn llawn cymaint â hi! Ynghanol y stŵr ymddangosodd y Llew yn ei drôns llaes ar ben y grisiau a golwg ffyrnig a bygythiol arno. Â blaen ei droed anelodd gic i 'nghyfeiriad – ond methodd! Daeth bawd ei droed i wrthdrawiad â rhywbeth arall, ac am dair wythnos ni allai symud! Cychwyn anaddawol iawn i'm gyrfa fel gwas fferm felly.

Wnaeth pethau ddim gwella rhyw lawer erbyn bore Sul chwaith a minnau i fod i fynd i gapel Carmel. Rhoi'r beic i bwyso yn erbyn y wal ac agor y drws yn betrusgar. Roedd pawb yn rhythu arnaf i. Rhoddais dro ar fy sawdl a chydio'n y beic gyda'r bwriad o'i g'leuo hi'n ôl am Lannerch-y-medd. (Fe ddylwn egluro fod capel Carmel yn wahanol o ran cynllun i'r capeli yr oeddwn i wedi arfer eu mynychu gan eich bod yn wynebu'r gynulleidfa yn hytrach na'r pulpud wrth fynd i mewn iddo.) Roedd y profiad o weld môr o wynebau dieithr wrth agor cil y drws wedi bod yn ormod imi! P'run bynnag am hynny, wrth gychwyn am y Llan, pwy ddaeth i 'nghyfarfod ond y Llew ei hun.

'A lle rwyt ti'n meddwl dy fod ti'n mynd?' holodd.

'Am y Llan ar f'enaid i,' meddwn innau'n syth ac am y Llan yr es i hefyd heb oedi yr un eiliad.

Ond doedd Llew ddim yn or-hoff o'r syniad 'mod i wedi dewis mynd i Gapel Ifan a byddai'n edliw imi nad hynny oedd yn fy nghytundeb cyflogi. Byddai'n pwysleisio'n aml 'mod i wedi derbyn y telerau gyda 'nhad 'yn dyst Duw'.

Roedd o'n rhyfedd iawn efo pethau o'r fath ac yn awyddus i wneud popeth yn unol â'i reolau o ei hun.

Fe chwaraeodd teulu Tan Bryn ran amlwg yn y gweithgareddau yn ystod y cyfnod hwnnw, ac y mae diwrnod Ffŵl Ebrill yn arbennig wedi aros yn y cof. Roeddwn newydd orffen godro'r wyth buwch ym Mhenrhos ac yn cael brecwast ym Mryn Owain tua hanner awr wedi saith pan gefais orchymyn gan Llew i fynd draw i Dan Bryn i ofyn gaen nhw fenthyg 'sgwâr gron gonglog' am fod Mrs Owen yn bwriadu gwneud tipyn o spring-clinio.

I ffwrdd â mi yn syth yn fy niniweidrwydd i weld Magi Owen yn Nhan Bryn, un a oedd, a dweud y lleia, yn gymeriad.

'Be ddiawl wyt ti isio yma mor fora?' cyfarthodd.

Dyma finnau'n trosglwyddo'r neges am y 'sgwâr gron gonglog' iddi!

'I be ma' hi wedi cymryd yn 'i phen i spring-clinio mor gynnar, d'wad?' holodd eilwaith.

Doedd gen i 'run ateb ond aeth i waelod y grisiau gan weiddi, 'Ŵ . . . â . . . ân!' dros bob man. Ymhen hir a hwyr gwnaeth yntau ei ymddangosiad gan ofyn beth yn union oeddwn i'n chwilio amdano.

'Sgwâr gron gonglog,' eglurais wedyn.

'O! Y sgwâr gron gonglog,' atebodd yntau, gan ychwanegu'n siomedig, 'Wyddost ti be, rydw i wedi'i rhoi hi i Huw Ŵan, Prys Owain Fawr. Croeso iti fynd yno i'w nôl hi os leci di.'

Dim ond tafliad carreg, bron yn llythrennol felly, oedd rhwng Prys Owain Fawr a Than Bryn. Felly, mi es yno ar f'union. Ond wrth ei gwneud hi'n dalog am yno fe wawriodd y gwirionedd arnaf i.

'Wel y mwnci uffar,' gwaredais, gan deimlo'n rêl ffŵl!

Ond euthum i ddim yn ôl i Fryn Owain yn syth chwaith. Yn hytrach na gwneud hynny rhoddais gnoc ar ddrws Prys Owain Fawr gan ddweud wrth ŵr y tŷ 'mod i'n chwilio am y 'sgwâr gron gonglog'!

'Tasat ti yma ddim ond ryw funud neu ddau yn gynt hogyn, mi fasat wedi'i chael hi gen i,' meddai yntau gan ymddiheuro'n llaes, 'Ond mae arna' i ofn fod Tom Wilias Parciau newydd fynd â hi.'

'Rydw i'n meddwl 'mod i wedi'i weld o'n mynd drwy'r giât 'na gynna,' meddwn innau, ond yn deall yn burion erbyn hynny beth oedd eu triciau.

Penderfynais aros ym Mhrys Owain Fawr tan amser cinio, a phan gyrhaeddais yn ôl i Fryn Owain roedd y Llew yn gandryll gynddeiriog am 'y mod i wedi gwastraffu bore cyfan yn chwilio am y 'sgwâr gron gonglog'. Y fo, nid y fi, oedd y ffŵl y diwrnod hwnnw!

Ar ôl cinio roedd Llew am imi gario dŵr o'r pwll oedd yn y cae yr ochr isaf i Benrhos. Ond wrth stryffaglio efo'r pwcedi mi syrthiais i mewn iddo nes 'mod i'n wlyb diferol. Roeddwn i'n amau'n gryf bod y Llew yn chwerthin i fyny'i lawes am 'y mhen i. Euthum i'r ardd i chwilio amdano.

'Wel, be ddigwyddodd iti 'rhen John?' holodd yn ffug dosturiol. Allwn i ddim ymatal. Yn fy nhymer bwriais gynnwys y pwcedi am ei ben a throsto. Roedd 'na gyfarfod o'r Cyngor Dosbarth yn cael ei gynnal ym Mryn Hafren y pnawn hwnnw ac am y tro cyntaf erioed methodd 'rhen Lew â bod yn bresennol!

Ymhen deuddydd daeth llythyr i Fryn Owain wedi ei gyfeirio at William Charles Owen, Ynad Heddwch. Y tu mewn iddo roedd amlen arall â'm henw i arni.

'Agor o,' gorchmynnodd Llew, a dyma wneud hynny. Y tu mewn roedd 'na bâr o flwmars mawr rwber efo nifer o hwyaid wedi eu paentio arnyn nhw. Roedd pennau'r hwyaid o'r golwg yn y dŵr a'u penolau i fyny yn yr awyr – anrheg amserol ac addas gan ferched Tan Bryn ar ôl clywed am anffawd y pwll! Fe gadwodd Mam y pâr blwmars rheiny am flynyddoedd!

* * *

Roedd y Llew yn ŵr prysur iawn yn rhinwedd ei swydd fel cynghorydd dosbarth a sirol ac ynad heddwch, a chyn mynd i unrhyw gyfarfod byddai'n gwneud yn siŵr fod gen i ddigon o waith i'w wneud am fis! A hyd yn oed os oedd y meistr o gwmpas doedd dim llaesu dwylo i fod.

Ond er mai prin ydi'r sôn am Llew Llwydiarth y ffermwr, does dim dwywaith nad oedd o'n amaethwr gloyw iawn. Roedd ganddo ddawn ryfeddol i doi tas, i hadu, ac i gau adwy gerrig a phridd. Yn wir, byddai'n beirniadu cystadlaethau yn y meysydd hynny'n rheolaidd.

Flynyddoedd ar ôl imi adael Bryn Owain cefais y wobr gyntaf ganddo am doi tas ŷd yn Chwaen Goch, er na ddywedodd o'r un gair o ganmoliaeth wrtha' i chwaith.

Ac yr oedd o'n dipyn o gybydd yn ogystal. Ar ddiwrnod dyrnu er enghraifft, chwe cheiniog fyddai'r cyflog ym Mhenrhos o'i gymharu â'r deuswllt a fyddai'n cael ei dalu ar ffermydd eraill yn yr ardal. Pan gynhaliwyd Eisteddfod Môn yn Llannerch-y-medd yn 1949 wedyn, ef oedd yn gyfrifol am oruchwylio gwaith gosod meini'r orsedd ar y cae sêl. Casglodd griw o grymffastiau cyhyrog at ei gilydd i gyflawni'r gorchwyl. Rhoddodd Llew bunt imi i fynd i siop y Rêl-Wê er mwyn cael arian mân i roi cil-dwrn i bob un ohonynt am eu parodrwydd i gynorthwyo. Deuthum yn ôl efo wyth hanner coron. Ond doedd hynny ddim yn plesio o gwbl – a bu'n rhaid imi fynd yn ôl i'r siop i gael sylltau! Doedd yr un gweithiwr i gael mwy na hynny am ei chwys a'i lafur.

Prin saith mis y bûm i yn gweini efo Llew Llwydiarth. Roedd o'n dipyn o ddyn. Os oedd o o'ch plaid chi fe werthai ei grys drosoch, ond rhad arnoch chi os mai fel arall yr oedd pethau!

John Roberts

Dysgu Adrodd

Rwy'n dal i gofio y dyddiau Mercher rheiny pan gawn i fynd yn blentyn un ar ddeg oed ar sgîl beic fy nhad i Fryn Owain, Carmel. Diben y siwrnai bedair milltir oedd cael gwersi gan ŵr y clywswn 'nhad yn sôn llawer amdano fel adroddwr o fri. Roedd y ddau yn dipyn o lawiau – 'nhad yn enedigol o Ffatri Ceidio, Llannerch-y-medd, yntau o Bonc 'r Aur, Mynydd Llwydiarth nid nepell i ffwrdd. Mynnai rhai ei fod fel pentan adwy o ddigywilydd. Nid felly ym marn fy nhad, er y byddai yntau'n taeru nad un i gario plu gŵr y plas oedd o chwaith!

Fel y bydd plant ysgol heddiw yn cael gwersi canu'r piano yn wythnosol wedi oriau ysgol, cawn innau a rhai o'm cyfoedion ein hyfforddi gan Mr Charles Owen yn y grefft o adrodd. Ymhlith y cyfoedion rheiny yr oedd Robert Gruffydd Hughes a ddaeth, flynyddoedd yn ddiweddarach, yn weinidog Eglwys Disgwylfa, Caergybi. Arferem grwydro eisteddfodau ar hyd a lled Sir Fôn yn y dauddegau.

Cofiaf gael fy ngalw i'r parlwr ffrynt ym Mryn Owain lle'r oedd yr athro yn ei siwt a'i wasgod yn aros i roi'r wers gyntaf imi. Rhwng y cloc mawr urddasol y tu ôl i'w gadair freichiau a'r ddresel oedd yn llawn trugareddau a ffigiaris, doedd fawr o le i symud yno. Eithr dangosodd yr athro mewn amrantiad pwy oedd wrth y llyw.

'I ddechra cychwyn 'ngenath i, os na wnei di adrodd i 'mhlesio i chei di ddim cystadlu.'

Teimlais yn syth y gallai hwn fod yn fwy strict na Jôs y

Sgŵl. O leia, fel 'chi' y cyferchid hogia merchaid yn 'rysgol!

'Rŵan, rydw i isio iti wrando arna' i.'

'Olreit Syr,' atebais innau yn ddigon nerfus.

'Ma' gen i dri gorchymyn fydd yn anhepgorol, angenrheidiol iti ufuddhau iddyn nhw. Y cyntaf ydi SEFYLL yn gadarn ar y llawr . . . Yr ail, YNGANU yn glir a phwyllog . . . Ac yn drydydd ac yn olaf, gofala fod MYNEGIANT dy lygaid a'th wyneb di yn siarad efo'r gynulleidfa . . . A'r pnawn 'ma, dallta di, y FI ydi'r gynulleidfa . . . '

Roedd ei ddull o siarad yn f'atgoffa'n syth o Mr Prosser, ein gweinidog ni yn Ainon. Byddai yntau wastad yn gofyn inni gofio tri phen ar ddydd Sul, er bod llais Mr Owen yn fwy cras a'i edrychiad yn fwy sarrug.

'Be sy' gen ti erbyn Steddfod Belan?'

'"Cymru Rydd", Syr.'

'Gad imi 'i chlywad hi.'

Safais yn gadarn ar y llawr yn ôl ei orchymyn a dechreuais adrodd,

> 'Mi ganaf gân i'r wenwlad
> Y wlad y'm ganed i . . . '

Ond erbyn imi gyrraedd 'ysbryd dewr Llywelyn' roedd o'n dechrau ymystwyrian yn ei gadair ledr, yn torri ar fy nhraws ac yn rhoi ordors imi ailddechrau a rhoi mwy o bwyslais ar 'YSBRYD DEWR LLYWELYN!'

Ymlaen wedyn at y 'nentydd glân rhedegog'.

> 'Ei bryniau gwyllt caregog
> Cyfoethog ŷnt a hardd,
> A thanynt mewn tawelwch
> A hyfryd ddiogelwch
> Ei theg ddyffryndir welwch
> Yn gwenu megis gardd.'

'Yn GWENU 'ngenath i,' a dyna'r tro cyntaf imi ei weld â gwên lydan ar ei wyneb. Erbyn hynny teimlwn ei fod yn ddyn gwahanol rywsut, ei wyneb yn garedicach ac yntau'n ymdebygu i unrhyw fod meidrol arall!

Wedi'r ymarfer llafurus yn y parlwr roedd yn rhaid i 'nhad a minnau fynd drwodd i'r gegin i gael cwpanaid o de cyn cychwyn adref am Lantrisant. Trafod ieir a moch, gwartheg a cheffylau, blawdiau a chropiau a cheirch a chynnyrch y bydden nhw, tra byddwn innau'n bodio'r siwgr lwmp yn y bowlen wydr, yr un math o siwgr dydd Sul ag a fyddai gan Nain ym Mhwll Ceiliog.

Cyn inni ffarwelio tan y dydd Mercher canlynol, fe newidiai tôn gŵr y tŷ a byddai'n troi ataf fi,

'Cofia ddŵad yn d'ôl a chofia be rydw i wedi'i ddeud. Chei di ddim mynd i'r Belan 'na os na fydda *i* yn deud, ti'n dallt?'

Dro arall yr oedd gofyn paratoi ar gyfer Eisteddfod Horeb, Llanddeusant a gâi ei chynnal bob dydd Mawrth Ynyd yn ddi-feth. Beicio eto efo 'nhad i Garmel a gorfod plygu dan yr union ddisgyblaeth yr oeddwn wedi hen gynefino â hi bellach o dan gyfarwyddyd yr athro yn y parlwr. Cribai ei wallt llaes â'i fysedd cyn dechrau ebychu a chwyrnu,

'Rydw i'n gwbod sut hwyl ge'st ti yn Eisteddfod Tyn-y-Maen. Mi fydda i'n darllen *Yr Herald* a'r *Clorianydd* dallta di. Ond tybad wyt ti'n sylweddoli mai Megan Lloyd George fydd yn rhannu y gwobra yn Horeb ac mai Deusant Môn fydd y beirniad . . . ?'

Daeth yn amser imi sefyll ac adrodd 'Hen Wlad y Beirdd' – darn a apeliai'n fawr ato, a chan mai ef oedd y gynulleidfa rhaid oedd syllu i fyw ei lygaid.

'A Chymru eto'n deffro gaed
A nwyd anorthrech yn ei gwaed
A'r wawr yn torri'n dân o'i thu . . . '

Â'i law dde yn codi i'r entrychion uwch ei ben, chlywais i neb yn portreadu'r wawr fel y gwnaeth ef ym mharlwr Bryn Owain y prynhawn hwnnw!

'Fel hyn 'ngenath i: A'r wa . . . a . . . a . . . a . . . a . . . wr yn torri'n dâ . . . â . . . â . . . n . . . '

Awn ar fy llw imi weld y tân yn fflachio o dan yr aeliau trwchus rheiny.

Nid oes angen ychwanegu mai dyddiau oeddynt pan oedd adrodd dramatig yn llawer mwy ffasiynol na'r math o 'lefaru' sydd yn dderbyniol heddiw!

* * *

Aeth blynyddoedd heibio. Doeddwn i fawr o feddwl, wedi llawer tro ar fyd, y deuai cyfle imi ddod unwaith eto dan gyfaredd Llew Llwydiarth, pan estynnodd ddeheulaw cymdeithas imi i gylch cyfrin Gorsedd Beirdd Ynys y Derwyddon yn 1950. Cofiaf gyrraedd y Borth gan ddyfalu sut groeso a gawn i? Tybed a fyddai'r Derwydd Gweinyddol yn fy nghofio, yn fy adnabod? Wedi iddo besychu ei ffordd drwy'r ddefod arferol gyda chryn rwysg ac awdurdod, mentrais ato yn ddigon ansicr fy ngham yn y babell fwyd.

'Dydach chi ddim yn fy nghofio i mae'n siŵr, Mr Owen?'

'Dy gofio di . . . ? Lena Pen Llyn yntê? Mi welaf dy fod wedi gwrando arna' i. Heddiw mi ge's weld ffrwyth fy llafur wel'di.'

Elfen o orchest, hwyrach – er fy mod yn ddistaw bach yn credu hyd heddiw nad drwg i gyd fu'r ddisgyblaeth honno. Wedi'r cwbl, dim ond un Llew Llwydiarth a gafodd Ynys Môn! A hyd yn oed os ydi ieithwedd Pedrog yn ei englyn i'r gwron, a gyhoeddwyd yn y cylchgrawn *Môn*, gwanwyn 1957, yn henffasiwn erbyn hyn, y mae o, er hynny, yn bur agos i'r gwir.

O bydd i neb ddwyn i warth – ein Defion
    Neu i dafod gyfarth;
  I wylio'i bost wele barth
  Gallu llidiog Llew Llwydiarth!

Helen Trisant

Tarsan efo Mwstásh

Y tro cyntaf imi erioed glywed am Llew Llwydiarth w'chi oedd pan oeddwn i'n gweithio efo ryw hen frawd ar fferm yn ardal Llangwyllog 'ma. Un a oedd wedi ei fagu ym Mhentraeth oedd hwnnw. Soniai am y cipar, y llarp allai droi ei law at bopeth bron, ond ei fod o ar ambell i nos Sadwrn yn bur ffond o fynd draw tua Llangefni 'na i gael gwydraid neu ddau. Ychwanegodd ei fod o'n greadur digon anodd ei drin hefyd, yn un a allai fod yn benstiff a phenderfynol iawn ar adegau.

Sôn amdano'n ifanc oedd yr hen frawd cofiwch, er i rai o'r nodweddion rheiny aros efo'r cipar gydol ei oes wrth reswm.

Ei gofio fo'n arweinydd y Gylchwyl neu'n holi mewn Cyfarfod Ysgol fydda i'n bennaf. Llais fel taran ganddo a phawb â rhyw barchedig ofn wrth iddo, tra'n edrych dan ei sgrafall, osod y ddeddf a dweud pethau bachog. Onid oedd ei edrychiad o'n ddigon?

Cofiaf un Gylchwyl yn arbennig. Yr hen Neuadd Newydd honno yn Llannerch-y-medd dan ei sang, finna wedi bod yn adrodd 'Yr Aderyn' gan I.D. Hooson ac wedi cael y wobr, yna'n mynd i fyny i'r llwyfan i'w nôl hi. Yntau yn fy nghyflwyno i, yn cyhoeddi pwy oeddwn i, beth oedd fy enw ac ati, ac yna'n dweud,

'Fedrai'r llafn yma ddim peidio cael y wobr gynta heno rydach chi'n dallt, achos maen nhw'n deud i mi ei fod o'n dipyn o dderyn ei hun!'

Finna'n gwrido 'dat fôn 'y nghlustiau, yn filain drybeilig wrtho am ddweud y fath beth.

Gyda threiglad amser deuthum i gysylltiad ag ef a'i adnabod yn well yn rhinwedd fy swydd fel un o gynrychiolwyr y Cyfarfod Ysgol. Tipyn o brofiad oedd o hefyd yr adeg honno i hogyn ifanc gael rhwbio 'sgwyddau efo fo a'i debyg.

Mewn Cyfarfod Ysgol y bu'r ffrae fwyaf enbyd a welais i yn fy nydd ynglŷn â rhyw fater yn ymwneud â chrefydd, ac yn Llangwyllog 'ma y digwyddodd hynny. Bobol y ddaear! Llew Llwydiarth a chyfaill arall – na wna' i mo'i enwi – yng ngyddfau'i gilydd. Dydw i ddim yn cofio erbyn hyn beth yn union oedd achos yr anghydwelediad ond anghofia' i fyth y ffyrnigrwydd oedd 'na o'r ddau du, y naill yn eistedd ar un pen i'r bwrdd a'r llall ar y pen arall. Sôn am weiddi a blagardio a dyrnu'r hen fwrdd! 'Y mywyd i! Ifanc oeddwn i ac yn wyn fel y galchen oherwydd na chlywais i erioed y fath beth. Mi es allan o'r ystafell am fy mywyd, wedi hurtio'n llwyr. Roedd hi'n syndod fod yr hen fwrdd wedi dal yr holl ergydion gafodd o yn y fath stormio. Ond roedd hi'n fwy o syndod fyth na fuasai hi wedi mynd yn daro agored rhwng y ddau. A wyddoch chi be? Mi wn i'n iawn na fu 'na ddim cymodi rhyngddyn nhw byth wedyn chwaith. Serch eu bod yn dal i gyrchu i'r Cyfarfod Ysgol ac yn dal i eistedd yn yr un sêt fawr gyda'i gilydd, fuon nhw ddim ar unrhyw delerau ar ôl hynny. Ac mi gymerodd flynyddoedd i minnau ddod dros y sioc! O! gallai, fe allai fod yn greadur penderfynol!

Byddai'n arholi'n dreiddgar ym mhob Cyfarfod Misol – yn y dull henffasiwn yntê. Roedd o'n holi yn y Burwen un tro ac wedi gofyn yr hen gwestiwn hwnnw sydd wedi ei ofyn laweroedd o weithiau – 'Ydi'r Diafol yn berson?' A rhyw hen frawd yn sefyll ar ei draed yn y cefn – mi a'i gwelaf y funud 'ma â thop-côt ddu laes amdano – yn ateb yn groyw a phendant,

'Ydi. Ydi mae o . . . Mae o ynoch chi a minnau.'

A'r Llew, fel ergyd o wn, yn ateb yn ôl,
'Siaradwch chi drosoch eich hun, frawd.'

Roedd o wrth ei fodd pan roddid ceirch iddo, hynny ydi, pan fyddai rhywun yn ei ganmol. Ond o ran hynny, oes yna unrhyw un nad ydi o felly, deudwch?

'A phawb yn gall ac yn ffôl.

A ddygymydd â'i ganmol,' ydi hi wedi'r cwbl.

Cofiaf amdano yn grwnian yn braf pan fyddai un ohonom yn dweud rhywbeth caredig amdano.

'Diolch iti 'machgian i.'

Doedd o fyth yn gweld drwom ni rydach chi'n dallt.

Digwyddwn fod yn llywyddu cyfarfod y prynhawn mewn un Cyfarfod Ysgol neu'i gilydd ac yntau'n troi ataf a dweud,

'D'wad i mi, ai chdi fydd yn fy nghyflwyno i heno?'

Minnau'n ateb, 'Wel ia Mr Ŵan, fi mae'n debyg fydd yn 'ych cyflwyno chi heno 'ma.'

'Gwranda rŵan 'ta, os wyt ti isio rhywbath i'w ddeud . . . Roedd 'na gyfaill yn dod acw, yn dŵad â'i fab acw i ddysgu adrodd a bod yn ffeithiol gywir felly, ond cyn iddyn nhw gyrraedd yr hen dŷ 'cw, dyma'r hogyn yn sefyll ar ei draed yn sedd gefn y moto a gofyn i'w dad, "Pa gae ma'r llew yn pori ynddo fo dad?"'

A chan roi rhyw chwerthiniad gyddfol sych, dyma'r Llew yn ychwanegu,

'Wyt ti'n 'i gweld hi? Rhywbath iti ddeud wrth fy nghyflwyno fi heno wel'di. Cofia'i defnyddio hi 'machgian i.'

Minnau yng nghyfarfod yr hwyr yn gwneud drama fawr o'r peth, yntau wrth ei fodd, yn mwynhau pob eiliad ac yn rhoi'r argraff wrth godi ar ei draed mai dyna'r tro cyntaf erioed iddo glywed y stori!

Be ddeuda' i? Doedd o'n gythraul stimddrwg deudwch?

Rwy'n ei gofio fo mewn Cymanfa Blant yn Llannerch-y-medd a Chapel Jerusalem dan ei sang y tro hwnnw. Dew annw'l, dydi pethau wedi newid deudwch? Yr hen gapel yn llawn yn y prynhawn, y Llew yn y sêt fawr a'n gweinidog ni –

gweinidog Llangwyllog a Chapel Coch, y diweddar annwyl John Llewelyn Williams, gŵr hoffus a golygus iawn hefyd – wedi mynd i'r pulpud i holi.

Roedd o am wneud rhyw bwynt a'i gyflwyno mewn ffordd ddramatig drwy ofyn i'r hen blant,

'Ydi Iesu Grist yn dal yn y bedd?'

Pan nad oedden nhw'n ateb mi fyddai yntau yn cychwyn i lawr grisiau'r pulpud, ond pan saethid y ddau air 'Nac ydi' ato o bob cyfeiriad byddai'n rhedeg i fyny yn ei ôl. Roedd y peth yn effeithiol dros ben ac yntau'n dipyn o actor.

Ond gallai'r Llew fod yn syndod o feirniadol ar adegau a thros de roedd o â'i lach ar John Llewelyn Williams am wneud y fath stynt.

Esgynnodd y gweinidog i'r pulpud drachefn yng nghyfarfod yr hwyr, ond cyn mynd ati i holi eilwaith dyma fo'n deud,

'Rydw i wedi cael fy meirniadu'n llym am ddod i fyny i'r fan yma, ond . . . ond, mae gen i le i ddiolch am yr hen bulpud 'ma heno gyfeillion, diolch fod 'ma le fel hyn i ffoi iddo o sŵn rhuadau'r llewod!' A'r Llew mawr yn gwingo yn ei sedd wrth iddo dynnu ei law dros ei dalcen ac i lawr dros ei wyneb; doedd o ddim wedi cael y gair olaf y tro hwnnw!

Deuai i Langwyllog yn aml i bregethu. Byddai'n dod drwy'r drws gan wthio'i ben o'i flaen yn gyntaf a rhoi rhyw besychiad dwfn i dynnu sylw pawb wrth iddo gerdded yn bwyllog i lawr at y sêt fawr.

Cofiaf un tro yn arbennig. Roedd fy ngwraig efo tri o'r plant acw yn eistedd ynghanol y llawr, minnau yn fy nghornel yn y sêt fawr tra bod y Llew yn bytheirio, fel y byddai o, â'r dwylo rheiny'n chwifio i bob man. Plygodd Geraint, yr ieuengaf, heibio i'w fam i sibrwd yng nghlust ei chwaer – 'TARSAN EFO MWSTÁSH!'

Am bnawn a gafodd fy ngwraig wedyn yn ceisio cadw gwastrodaeth ar y tri fu'n piffian drwy gydol y gwasanaeth. Oni bai fod y Llew wedi ymgolli mor llwyr yn ei huotledd ei hun mi fyddai wedi bod yn abal â byw arnynt. Er nad oedd y bychan yn bell iawn o'i le chwaith. Wedi'r cwbl, roedd 'na rywbeth yn ddigon tebyg i Tarsan ynddo – oni bai am y mwstásh wrth gwrs!

Mor felys yr atgofion amdano.

Owen Parry

Cywiro Cennad Ifanc

Rydw i wedi cofnodi'n eitha deddfol mewn llyfr nodiadau, yr amser a'r dyddiad ynghyd ag union destun y bregeth a ddraddodwyd gen i ym mhobman y bûm i'n cynnal gwasanaeth ynddo erioed. Mae hynny wedi f'arbed rhag rhoi'r un bregeth ddwywaith yn yr un lle. Sylwaf mai ar y pedwerydd ar ddeg o Fawrth, 1971 y bûm yng Ngharmel – yr unig dro fel y mae'n digwydd, a diau fod hynny ynddo'i hun yn dweud rhywbeth!

Newydd ddechrau mynd o gwmpas i gynorthwyo ar ambell Sul yr oeddwn i. I fod yn fanwl gywir, Carmel ger Llannerch-y-medd oedd y trydydd tro ar ddeg. Rhif tra anlwcus!

Cyrraedd yn brydlon ar hen brynhawn digon oer. Doedd yno neb i'm croesawu y tu allan, felly i mewn â fi ac yn syth i'r sêt fawr, gan gyfarch yr henadur penwyn oedd yn eistedd yno eisoes. Dylid ychwanegu nad oedd gen i'r un syniad ar y pryd pwy oedd o, ond deuthum i wybod yn eitha buan!

Does gen i ddim cof iddo estyn ei law i'm croesawu nac un dim gwaraidd o'r fath, ond fe'i cofiaf yn gofyn imi'n ddigon siort,

'Fedrwch chi ganu'r organ?'

'Wel . . . na . . . na fedra', mae arna' i ofn,' atebais innau'n ddigon ymddiheurol.

'Biti . . . Fedrwch chi ganu 'ta?'

'Wel, medra' . . . hynny ydi, ryw fymryn felly,' meddwn i eilwaith, gan fynd yn fwy pryderus wrth yr eiliad.

'Does gynnon ni ddim organydd yma, felly mi gewch chi godi'r canu a tharo pob emyn . . . ' Yr arswyd fawr!

Dydw i ddim yn cofio erbyn hyn faint o gynulleidfa oedd yno, na sut arddeliad oedd i'r canu, ond mi gofiaf yn burion pa mor nerfus oedd y cennad ifanc y prynhawn hwnnw.

Fe godais fy nhestun o'r chweched adnod ar hugain o'r unfed bennod ar bymtheg o Efengyl Luc – 'Rhyngom ni a chwi y mae agendor llydan wedi ei osod'. Fe adroddais hanes y gŵr cyfoethog a Lasarus fel math o ragymadrodd i'm tipyn sylwadau, gan ddilyn y stori fel y'i ceir hi yn y Testament Newydd fwy neu lai, ond gan ymdrechu yn fy ffordd fy hun i bortreadu tristwch y sefyllfa yr oedd Lasarus druan wedi ei gael ei hun ynddi. Y dyn tlawd â chornwydydd drosto yn ymbil am ymborth gan ŵr cyfoethog, tra bod cŵn gwancus yn ymgiprys am y briwsion mewn cystadleuaeth ag ef a'r cŵn, weithiau, yn ôl y Gair, yn 'dod i lyfu ei gornwydydd'.

Awgrymais y byddai Lasarus a'r cŵn yn rhyw led orweddian wrth aros eu cyfle a bod llyfiadau'r cŵn yn ffyrnigo'i gornwydydd drwy gadw'r doluriau yn wlyb a hynny'n gyfrwng lledaenu'r aflwydd ac yn ychwanegu at ddioddefaint y creadur. Cofnodi wedyn fel y bu farw Lasarus, cyn mynd ymlaen orau medrwn i â'r bregeth.

Ar y terfyn daeth y gŵr penwyn ataf a minnau'n rhyw led obeithio cael briwsionyn o ganmoliaeth ganddo i gynnal y pregethwr ifanc dibrofiad.

'Ia . . . Iawn,' meddai.

'Oeddech chi'n meddwl?' holais yn obeithiol.

'Hynny ydi, roedd hi'n bregath ail 'i lle am wn i, er 'i bod hi'n amlwg mai newydd ddechra pregethu yr ydach chi hefyd. Ydw i'n iawn?'

'Wel . . . ia . . . ydach.'

'Un mistêc mawr ddaru chi . . . '

'O! A be felly?'

'Chewch chi ddim byd gwell na llyfiad ci i glirio dolur i chi ga'l dallt.'

'O!'

'Na chewch . . . A newidiwch chitha'ch sylwada gyfaill ac mi gewch ddeud wrth y gynulleidfa y tro nesa y byddwch chi'n traddodi'r bregath mai *fi* ddeudodd wrthach chi a'ch rhoi chi ar ben y ffordd.'

A dyna'r cyfan. Heb yr un gair o gymeradwyaeth, heb yr un gair o ddiolch. Dim oll.

Ac erbyn meddwl, dydi o fawr o syndod na wahoddwyd fi yn ôl i Garmel byth wedyn i bregethu!

John McBryde

Nid actor ond un rial

Mae'n ddiamau y buasai pawb a'i adnabu yn cyfeirio'n gyntaf at ei wedd allanol – y gŵr cydnerth, gwalltlaes, y mwstásh fel cribyn delyn, y trwyn, y ddau lygad glas treiddgar a'r dwylo llydain fel dail riwbob a fyddai'n gwasgu c'nonyn bach aflonydd mewn dosbarth Ysgol Sul! Y dyn mawr oedd yn fawr yn ei gapel, yn fawr yn ei gymdeithas leol, yn fawr ar Gyngor Sir Môn, yn fawr – onid yn fwy – yn ei 'arswydus swydd' fel Derwydd Gweinyddol Gorsedd Beirdd y Fam Ynys; pishyn tair o ddyn chwedl fy nain, ar gyfrif y doniau amlochrog a berthynai iddo.

Yn blentyn troediodd 'fryniau a phantiau Pentraeth'. Fe'i addysgwyd yn Ysgol Sul ac ysgol ddyddiol y pentref, ac fel yn achos llawer o rai eraill, magodd yr addysg elfennol honno werinwr llengar. Y capel a'r Ysgol Sul yn bennaf a roddodd iddo y cyfle i nyddu geiriau ar bapur, i ymarfer dawn gyhoeddus, i feithrin awydd am ddysg o lyfr, ac i ddyfu'n ŵr diwylliedig.

'Be fasach chi tybed, Llew, taech chi wedi cael mwy o addysg?' holodd Owen Owen, Bodffordd un tro.

'Mi faswn yn salach dyn,' atebodd yntau heb betruso'r un eiliad.

Yn ddiweddarach mabwysiadodd enw mynydd (gair pobl Môn am fryn!) ei filltir sgwâr ac wrth yr enw barddol hwnnw yr adwaenid ef weddill ei oes. Yng nghysgod mynydd Llwydiarth y dysgodd hefyd 'grefft gyntaf dynol ryw'.

Ar ôl iddynt briodi ymgartrefodd ei wraig ac yntau ym

Mryn Owain ac yno y dangosodd i'w gymdogion ei ddawn fel amaethwr. Roedd yn feistr ar aredig gyda'r gwŷdd main a'r gwŷdd dwbl. Byddai cefnau syth i'w rychau a'i gŵys yn union ar y dalar. Unwaith yr oedd o wedi trin y tir câi ei ddawn hau gyda chynfas ei harddangos. Cerddai ar hyd y tir coch gan fwrw'r had yn rheolaidd, a'r egin gwyrdd, yn ei dro, yn dangos camp yr heuwr yn taenu'n wastad.

> 'Mae'r egin bach yn dweud y gwir
> Sut fath o heuwr fu ar y tir.'

Roedd teisi gwair ac ŷd Bryn Owain yn bictiwr, yr ochrau wedi eu cribo yn ofalus dan do o frwyn plethedig a'r rhaffau gwellt yn dal y cyfan yn daclus fel rhwyd gwallt hen wraig.

Roedd yn bencampwr ar godi waliau sych hefyd wrth briodi cerrig a meini yn gelfydd â'i gilydd, neu gau adwyau gyda thywyrch. Ar sail graen ei fedrusrwydd yn ffermio Bryn Owain yn ogystal â Pharc Newydd yn ddiweddarach fe'i dyrchafwyd yn feirniad craff a galw cyson am ei wasanaeth mewn ymrysonau cau adwyon a rasus aredig ledled y sir; cryn fraint o gofio bod y 'cythraul ras aredig' rhwng y ddau ryfel byd yn cael ei ystyried bron cynddrwg ag unrhyw gythraul canu.

Y sefydliad Methodistaidd a fwydodd ei enaid, ei feithrin yn y ddawn o gymryd rhan yn gyhoeddus ac a fagodd ynddo'r hyder i ddilyn y patrwm i fod yn 'flaenor' i'w bobl. Bu'n aelod ffyddlon o bwyllgorau'r Hen Gorff a chanddo barch at holl drefniadaeth ei enwad, ac ar sail ei brofiad a'i allu fel gŵr cyhoeddus fe'i derbyniwyd maes o law yn bregethwr cynorthwyol.

Dilynodd ddull pregethu ei gyfnod. Gallai fod yn faith, yn ddwfn ac yn ddiwinyddol – yn wir, yn ddigon diflas ar adegau er na fu i'r fath bosibilrwydd erioed wawrio arno ef ei hun chwaith!

Pan ddaeth y recordydd tâp ar y farchnad yn y blynyddoedd cynnar ac Owen Jones, Cemaes yn berchen ar un, mynnodd recordio'r Llew yn pregethu. Trawyd bargen y câi Owen Jones recordio'r pregethwr ar yr amod y byddai yn rhoi swper da iddo wedi'r sesiwn recordio a chyfle iddo wrando ar y perfformiad wedyn.

Y Sul hwnnw fe bregethodd y Llew yn feithach, yn sychach ac yn fwy diflas nag arfer gan gadw yn bur gaeth i'w bapur.

Ar ôl swper aeth y ddau drwodd i'r parlwr i wrando ar y bregeth. Eisteddodd y Llew mewn cadair freichiau â'i goesau yn ymestyn ar draws y llawr o flaen y tân, ei ddau lygaid ar gau a'i freichiau a'i ddwylo'n gorffwyso ar ei wasgod. Pe bai traethu Jubilee Young ei hun yn dod o'r peiriant ni fyddai wedi porthi mwy! Clywid ef yn ebychu, amenio a chymeradwyo'n frwd gydol yr adeg!

Wedi iddynt ddiffodd y peiriant trodd at Owen Jones ac meddai yn ystyriol,

'Wyddoch chi be, mi wyddwn 'mod i wedi cael hwyl arni, ond wnes i 'rioed feddwl 'mod i wedi codi i dir mor uchel chwaith.'

Byddai'n dod i Gapel Berea, Pentreberw unwaith y flwyddyn i bregethu ac i gymryd dosbarth y bechgyn ifanc yn yr Ysgol Sul. Llyfr Ecsodus oedd y maes llafur un tro ac wedi inni ddarllen adnod yr un o'r wers, dechreuodd yntau ein holi,

'Deudwch i mi, pwy sgwennodd y pum llyfr cyntaf yn y Beibl . . . y . . . y . . . Pen . . . Pen . . . Pentateuch fel y'u gelwir?'

'Moses,' meddai rhywun.

'Da iawn, 'machgian i,' canmolodd yntau.

'Naci,' meddwn innau, 'achos fedra fo ddim.'

'O! Pam felly?' gofynnodd yn sychlyd.

'Am 'i fod o, yr awdur felly, yn cyfeirio at Moses yn mynd i ben y mynydd yn y trydydd person. Rhywun arall sgwennodd amdano fo mae'n rhaid.'

'Na,' meddai'r Llew gyda thinc o wir awdurdod yn ei lais, 'Moses a'u sgwennodd nhw i gyd.'

Minnau'n dal arno,

'Rydach chi'n rong. Sut basa Moses yn gallu deud ei fod o wedi marw cyn iddo fo farw?'

'Dwyfol ysbrydoliaeth fachgian. Glywist ti am beth felly?'

'Ia, ond . . . Ond mae o'n . . . '

'Taw!' meddai'r Llew.

'Ond mae o . . . '

'Taw!' taranodd eilwaith gan dynnu'r balf fawr honno dros ei dalcen llydan cyn troi ei gefn arnom a gadael inni sgwrsio â'n gilydd hyd ddiwedd y wers.

Ond bu'n rhaid iddo aros nes ei fod yn hen ŵr cyn cael ei ddyrchafu'n llywydd y Cyfarfod Misol. Erbyn hynny roedd hi braidd yn hwyr ac wrth esgyn i'r gadair fe ddywedodd yn bwyllog ac â pheth tristwch yn ei dôn a'i drem,

'Rydw i'n diolch ichi gyfeillion am yr anrhydedd, ond mi faswn wedi gneud gwell llywydd ichi taech chi wedi cael y weledigaeth hon ugain mlynedd yn ôl.'

Gallai fod yn ddiguro pan ofynnid iddo siarad ar fyr rybudd. Bryd hynny gallai ymollwng i fod yn ddoniol a ffraeth wrth iddo dynnu o'i brofiad ac arllwys pethau'n rhwydd o'i gof. Cyfrifid ef ymysg y gorau am dalu teyrnged mewn angladdau ac ar sail y dalent honno byddai galw cyson am ei wasanaeth – yntau'n edrych yn drwsiadus mewn brethyn du trwm o siop McKillop, Llannerch-y-medd.

Gŵr ei gyfnod oedd o, yn Rhyddfrydwr mawr fel y mwyafrif o bobl Môn bryd hynny – cefnogwyr brwd Megan Lloyd George. A bardd ei gyfnod hefyd. Hwyrach nad yw ei gynnyrch yn apelio rhyw lawer erbyn heddiw, ond mae teuluoedd cyfeillion ymadawedig y talodd Llew Llwydiarth deyrnged iddynt mewn englyn neu gwpled a ymddangosodd yn *Y Clorianydd* neu *Herald Môn* ac ar ambell i garreg fedd yn ddiolchgar tu hwnt iddo, yn barod i gydnabod eu dyled ac yn uchel eu parch tuag ato.

Ato ef, y *guru* mawr, y cyrchai llu o neiniau a mamau ar gefnau beic ac ym mhob tywydd, er mwyn i'w hepil gael hyfforddiant yn y grefft o adrodd. Ac onid yr amlycaf a'r disgleiriaf o blith ei ddisgyblion oedd Charles Williams ei hun?

Prif wendid Llew Llwydiarth oedd ei natur rodresgar. Doedd o ddim yn fodlon clywed eraill yn ei ganmol yn unig, yr oedd yn rhaid iddo gael ei ganmol ei hun hefyd, ac y mae enghreifftiau o'r duedd honno'n lleng. Ond os oedd yn hoff o'i ganmol ei hun, yr oedd o ambell dro yn barod i ganmol eraill.

Digwyddai fod yn siop gig y diweddar Gwilym Owen yn Llangefni, adeg yr eira yn 1967, pan ddaeth Albert Owen i mewn. Bu'r tri yn siarad ynghylch manion am ysbaid cyn i Albert droi at y cigydd gan ddweud,

'Mi es i i nôl Mistar Wân 'ma neithiwr w'chi Gwilym, i Lannarch'medd 'cw, iddo fo bregethu inni . . . ac yn wir i chi mi gawsom fendithion yr eira ganddo.'

Cân di bennill fwyn i'th nain, fe gân dy nain i titha! Tro'r Llew oedd hi wedyn. Trodd yntau at y cigydd a dweud, (gan gofio, wrth gwrs, mai trefnwr angladdau oedd Albert Owen wrth ei alwedigaeth),

'Mi ddeuda' inna rywbath wrthach chitha hefyd Gwilym, mai hwn ydi'r claddwr pobol gora sy' 'na, nid yn unig yn Llannarch'medd 'cw a Môn, ond Cymru benbaladr!'

O sôn am Lannerch-y-medd, pechod anfaddeuol yn ei olwg o oedd cyfeirio at y lle fel pentref. Oni cheryddwyd Machraeth yn llym ac yn gyhoeddus o lwyfan eisteddfod ganddo unwaith am ryfygu i gyfeirio at yr hen le fel pentref?

'Nid pentra mo Llannarch'medd 'ngwas i,' rhuodd, 'ond tref, tref bwysig frawd.'

Fel Derwydd Gweinyddol yr oedd wedi modelu ei hun ar rywun fel Hwfa Môn – gyda gwallt fel bardd, ynghyd â'r llais treiddgar a allai gyrraedd cyrion unrhyw dorf heb gymorth yr un uchelseinydd yn unman.

'I be ma' isio rhyw hen dacla fel hyn?' meddai yn Eisteddfod Bodffordd, 1967, gan roi cic i'r uchelseinydd.

'Ewch â fo o'ma . . . mi fedra' i neud hebddo yn iawn.'

Un o Eisteddfodau Môn mwyaf llewyrchus y chwedegau oedd Eisteddfod Bro Goronwy, 1969. Yr oedd mân bebyll wedi eu gosod ar gwr uchaf y maes ac yr oedd cynnyrch yr Adran Gelf a Chrefft yn cael ei arddangos yn Neuadd Goronwy Owen. Yn wir, yr oedd nifer o ddisgynyddion Goronwy wedi eu gwahodd i'r ŵyl ac fe'u gwahoddwyd i eistedd ar y llwyfan yn ystod seremoni'r cadeirio. Does dim dadl na chreodd y Derwydd Gweinyddol argraff ryfedd arnynt.

Yn ddiweddarach, dros de, aeth un o ddisgynyddion Goronwy ato i'w gyfarch.

'I say Mr Archdruid,' meddai, *'that was quite a show you put up back there. Tell me sir, are you an actor?'*

Edrychodd y Llew ym myw ei lygaid a phetrusodd cyn rhoi ei ateb,

'No!' meddai, *'No! I am REAL.'*

Mor wir!

Fel yr heneiddiai, âi seremonïau'r coroni a'r cadeirio yn ddi-raen ac yr oedd yr Orsedd yn colli ei hurddas. Sylweddolais innau erbyn hynny ei fod o wedi dechrau torri a heb fod hanner y dyn a adwaenwn gynt yn ein dosbarth Ysgol Sul ym Mhentreberw.

Eithr cafodd un awr fawr derfynol yng Nghemaes yn 1970, er nad oedd y gadair ei hun yn plesio o gwbl! Cafodd y Llew ei gyflwyno i'w gwneuthurwr (John, Pengroes Arthur, Llanfechell, y crefftwr ifanc a oedd wedi ei chynllunio, ei gwneud, yn ogystal â'i rhoi) ychydig ar ôl y seremoni, a'r unig dâl a gafodd gan y Llew am ei lafur oedd,

'Y tro nesa y byddi di'n gneud cadair . . . GWNA GADAIR!'

Yn ddiweddar, ar silff siop lyfrau ail-law yn Llandudno, sylwais ar nifer o gyfrolau *Cyfansoddiadau a Beirniadaethau* Eisteddfodau Môn. Y tu mewn i glawr bob un roedd llofnod Llew Llwydiarth.

Prynais hwy i gyd o barch i'w goffadwriaeth.

Donald Glyn Pritchard

Un Atgof

Deuai Llew Llwydiarth i bregethu i Bentraeth ambell dro gan daranu peswch hunan-bwysig i lawr yr eil o'i flaen – 'Rydw i wedi cyrraedd', fel 'tae!

Bryd hynny yr oedd Ebeneser, Pentraeth a Horeb, Penmynydd yn ddwy chwaer-eglwys – gwasanaeth am ddeg y bore ym Mhentraeth ac am ddau y prynhawn a chwech yr hwyr ym Mhenmynydd, felly bob yn ail fwy neu lai. A phan fyddai'n digwydd bod yn Ebeneser yn oedfa'r bore, acw yn Llain Delyn, Traeth Coch y byddai Llew yn cael ei ginio. Dim lol, llond ei fol o fwyd a byddwn innau yn ei hebrwng i Horeb erbyn dau o'r gloch.

Ar y daith i'r oedfa ddau yr oedd yn rhaid mynd heibio i fynwent eglwys y plwyf, Penmynydd. Yno yr oedd Mrs W. Charles Owen wedi ei chladdu ers blynyddoedd. Merch fferm y Dragon oedd hi. Dyna gyfuniad rhyfedd meddech chitha, Llew a draig yn dod at ei gilydd, ond does dim dwywaith na fu Môn ar ei mantais o ganlyniad i hynny.

Ond o sôn am fynwent, rhyw ganllath cyn ei chyrraedd un tro, a minnau mae'n ddiamau yn coedio fel Jehiw, dyma'r Llew yn rhoi bonllef,

'STOPIWCH!' gan roi ei balf fawr ar y llyw ac ychwanegu'n siort, 'Yr ochr allan i'r wal ddyn, achos ar y sbîd yma fe allwn ni fod yr ochr i mewn iddi ymhell cyn dau o'r gloch!'

Wedi fy sobreiddio'n llwyr gan awdurdod a sylw crafog y

Llew dyma arafu ac aros wrth y giât. Rhoes ei fenyg yn ei het.

'Hwdwch,' meddai, 'daliwch nhw tra bydda i'n cael sgwrs efo'r wraig.'

'Ond gyfaill annwyl,' atebais innau'n ddryslyd, 'mae hi wedi m . . . m . . . marw ers . . . blynyddoedd.'

'Sgwrs efo'r wraig ddeudis i,' medda fo wedyn, cyn brasgamu allan o'r car.

Ond gyda phob parch iddo, roedd o'n deall 'i bethau'n well na fi a chanddo amgenach amgyffred o ddirgelion y byd arall. Nid oedd hynny'n syndod o ran hynny, ac yntau yn bregethwr cynorthwyol gyda'r grymusaf a welwyd. (A'r mwyaf ffrothlyd!)

Ac yno y bu am oddeutu chwarter awr – hi yn chwythu tân a mwg ac yntau'n chwyrnu'n dawel, am wn i!

Ond dyna'r drefn bob tro beth bynnag, ganwaith ar ôl hynny.

Edward Jones (Telynfab)

* * *

Gofynnwyd am hir a thoddaid coffa i Llew Llwydiarth yn Eisteddfod Môn 1980, a gynhaliwyd yn Llannerch-y-medd. Telynfab oedd yn fuddugol.

Gŵr doeth ei gyngor ar lu pwyllgorau.
Gem o ynyswr â'i gymwynasau;
Cyn-dderwydd hyglod ein heisteddfodau
A Llew a fynnodd 'HEDD' i'n llwyfannau.
Gŵr selog ar y Suliau – sicr ei gred,
A gŵr a'i nodded mewn 'gwirioneddau'.

Teyrnged Gweinidog

Y gair cyntaf a ddaw i'm meddwl wrth gofio'r diweddar W. Charles Owen yw 'cryfder'. Roedd o'n ŵr cryf o gorff ac fe barhaodd y cryfder corfforol hwnnw yn rhan ohono hyd fisoedd olaf ei oes faith. Ac yntau'n tynnu at ei ddeg a phedwar ugain gwelais ef yn llwytho tail ar fen a hynny mor egnïol ag amaethwr hanner ei oed.

Ond yr oedd o hefyd yn gryf o ran personoliaeth. Nid ofnai neb na dim. Traethai ei farn yn glir a phendant bob amser ac ni phoenai yr un iot beth fyddai canlyniadau rhoi mynegiant i'r farn groyw honno.

Cefais y fraint o fod yn weinidog arno o Hydref 1964 hyd ei farw yn Rhagfyr 1972. Yr oedd wedi ei godi yn flaenor yng Ngharmel (M.C.) ers 1914 er mai Annibynnwr oedd o yn wreiddiol hefyd. Dyna pam, pan symudodd i ardal Carmel yn ŵr ifanc o gipar oddeutu un ar hugain oed, yr ymaelododd yng Nghapel Ifan (A) Llannerch-y-medd i ddechrau. Eithr buan y sylweddolodd y byddai'r potsiars yn mynd ati yn syth i ymhél â'u gorchwyl anghyfreithlon unwaith y byddai'r cipar yn troi am y capel ar nos Sul, ac fe benderfynodd yntau, er mwyn bod yn nes atynt, symud o Gapel Ifan ac ymaelodi gyda'r Hen Gorff yng Ngharmel!

Ac roedd ganddo feddwl mawr o gapel Carmel. Rhoddodd ei orau iddo am hanner canrif a rhagor ac er bod yn yr eglwys rai aelodau annoeth, anodd eu trin, fe lwyddodd i gadw trefn ar bethau ynddi gydol yr adeg, a hynny gyda chadernid braich.

Rhoddai bwyslais bob amser ar weithredu.

'Gwell,' meddai wrthyf un tro, gan ail a thrydydd adrodd y frawddeg, 'gwell dyn drwg na dyn diog wyddoch chi, oblegid mae'r dyn drwg yn gwneud rhai pethau da weithiau!'

Nid yw'n syndod felly mai ei hoff lyfr yn y Beibl oedd Llyfr yr Actau, am mai llyfr o weithredoedd ydoedd, ac Efengyl Marc yn hoff Efengyl iddo, 'am fod mwy o ddigwydd ynddi a mwy o wneud nag yn yr Efengylau eraill.' Ac fel blaenor, athro Ysgol Sul, ysgrifennydd yr eglwys neu lywydd yr henaduriaeth, fel pregethwr cynorthwyol ac yn ei holl ymwneud â'r Cyfarfodydd Dosbarth a'r Cyfarfodydd Ysgolion fe 'weithredodd' yntau. Er y dylid cofio bob amser yn y cyd-destun hwn ei addefiad ef ei hun,

'Cofiwch chi, fydda i ddim yn teimlo 'mod i'n gwneud dim oni fydda i'n cael fy ffordd fy hun!'

Ac fe gâi ei ffordd ei hun yn amlach na pheidio! Cofiaf un tro dderbyn cais am docyn aelodaeth gan gyfaill o weinidog ar ran gwraig o ardal Carmel a ddymunai ymaelodi yn ei gapel. Cyflwynais y cais i'r blaenoriaid.

'Y mae hon wedi gadael Carmel ers un ugain mlynedd,' chwyrnodd Mr Owen. 'Doedd ganddi fawr o ddiddordeb ynom ni pan oedd hi yma. Rydw i felly yn argymell ein bod yn gwrthod rhoi tocyn iddi.'

Anfonais y penderfyniad i'r gweinidog. Atebodd yntau gan ymbil yn daer arnom i newid ein safbwynt. Eithr mynnu sefyll yn gadarn wrth y penderfyniad gwreiddiol a wnaeth ef!

Dro arall, pan oedd trysorydd yr eglwys yn wael ei iechyd ac yn araf lesgáu, anfonodd y llyfr sieciau drwy law cymydog iddo, er mwyn i Mr Owen arwyddo rhai ohonynt. Pan ddigwyddais daro heibio ychydig ddyddiau wedyn yr oedd o yn bur chwyrn ynghylch y peth. 'Ni ddylai'r trysorydd fod wedi ei ymddiried i neb ond i swyddog,' deddfodd, ac fe wrthododd yn bendant ymddiried y llyfr sieciau i'r aelod i'w ddychwelyd i'r trysorydd. Fi gafodd y gorchwyl hwnnw!

Ond gallai safiad o'r fath dramgwyddo. Rywbryd cyn fy nghyfnod i fel gweinidog yno roedd yr adeiladau wedi eu haddurno a'u hail baentio a bu pobl ifanc yr eglwys yn gymorth mawr gyda'r gwaith. Wedi i'r cyfan gael ei gwblhau trefnwyd cymanfa ganu ganddynt i ailagor y capel ond bu iddynt gadw'r trefniadau yn gyfrinach heb sôn yr un gair wrth y swyddogion. Roedd Mr Owen wedi ei gythruddo'n enbyd pan glywodd am y bwriad a thaerai nad oedd ganddynt hawl o gwbl i wneud y fath beth heb ymgynghori â'r blaenoriaid i ddechrau, a'i fod ef, p'run bynnag, yn gwrthwynebu iddynt gynnal cymanfa ganu. Onid mwy addas a phriodol fyddai cyfarfod pregethu?

Ond os oedd tuedd ynddo i godi gwrychyn pobl ambell waith fe gâi faddeuant yn amlach na pheidio. Yn ei olwg ef ei hun doedd dim modd iddo fethu. Cofir, yn y cyswllt hwn, fel y byddai Charles Williams yn mynd ato i gael gwersi adrodd ac yntau'n dweud wrtho, 'Mi enilli di ar y darn yma . . . neu, enilli di ddim!' Barn gywir bob amser felly!

Ef roddai'r deyrnged ym mhob angladd i aelod o eglwys Carmel. Rhoddai ddarlun cyflawn o'r ymadawedig bob amser gan ddatgan yn eofn beth oedd ei wendidau yn ogystal â'i ragoriaethau ac yr oedd yn rhaid i bawb fod yn gwbl effro hefyd pan gymerai y rhannau arweiniol mewn ambell seiat. Darllenodd y drydedd Salm ar hugain unwaith gan newid un gair ynddi. Ar ôl y darlleniad trodd at rywun oedd yn bresennol gan ofyn pa newid a wnaethai. Atebodd yntau,

'Dweud "dyfroedd grisialaidd" yn lle "dyfroedd tawel".'

A Mr Owen yn ychwanegu'n ddigon siort,

'Ia, isio gweld faint oeddech chi wedi'i wrando arna' i oeddwn i.'

Rhoddodd wasanaeth mawr i Garmel ond gofynnais iddo rhywdro beth oedd ei farn ei hun am y peth. Dyma ei ateb,

'Fe wnes lawer iawn o ddrwg yno ac fe wnes lawer iawn o dda yr un pryd.'

Pa ddrwg a wnaeth? Hwyrach i rai ddigio wrtho am ddatgan barn mor ddi-dderbyn-wyneb bob amser. Mae eraill yn tybio i'r dirywiad yng Ngharmel gychwyn pan ddechreuodd ef, yr angor, fynd o gwmpas i bregethu. Wrth fynd i gynorthwyo eglwysi eraill fe esgeulusodd ei gynulliad ei hun. Ffrwyth yr esgeulustod hwnnw oedd i'r ifanc, yn y man, beidio â dod i'r Ysgol Sul ac yn ddiweddarach gilio o'r eglwys, ac wrth iddo yntau fod yn absennol gwanhaodd diddordeb y rhai hŷn yn yr Achos.

O ystyried y da, mentraf ddweud mai hyfforddi y naill do ar ôl y llall o ieuenctid yng nghynnwys yr Ysgrythur, egluro egwyddorion y Ffydd i'r holl aelodau ynghyd â gwrthwynebu pob tuedd beryglus i lygru tystiolaeth yr Arglwydd Iesu Grist yn ei ardal, oedd ei gyfraniad pennaf. Safodd yn gadarn dros burdeb eglwys a thros gadw Carmel rhag cael ei throi yn gymdeithas fydol.

Fe ddywedir bod pob cenhedlaeth yn cynhyrchu dynion y mae arni eu hangen. O ystyried nodweddion eglwys Carmel barnaf mai gŵr cadarn o awdurdod a gweledigaeth oedd arni ei angen, ac fe'i cafodd yn W. Charles Owen.

Nid wyf am gyfeirio at ei gyfraniad fel Derwydd Gweinyddol Gorsedd Beirdd Ynys Môn er bod lle i gredu mai dyna'r cylch yr oedd fwyaf hapus ynddo. Yn ei ewyllys gadawodd £10 i Gofiadur yr Orsedd honno, £10 i'r Orsedd ei hun a'r gweddill i'w nith. Ond a yw hynny yn golygu bod yr Orsedd yn bwysicach yn ei olwg na chapel Carmel sy'n gwestiwn arall!

Pan aeth Mrs Soffi Roberts, ei nith, yn rhy lesg i yrru modur, arferwn alw am y ddau i fynd â hwy i'r capel. Erbyn hynny yr oedd o wedi rhoi'r gorau i ffermio tir Parc Newydd, er yn byw yn y tŷ o hyd. Un diwrnod, wrth fynd i lawr y llwybr oedd yn arwain at y ffordd fawr, mynegodd ei ofid o weld y gwrychoedd o'i ddeutu heb eu torri a bod golwg flêr a di-raen wedi mynd ar bethau.

'Nid felly yr oedd hi pan oeddwn i yn ffermio yr hen le 'ma,' meddai.

Mor wir, mewn mwy nag un ystyr, oedd ei sylw.

Fe'i llòngyfarchwyd yn frwd un tro gan ryw chwaer am ei fod wedi cyflawni swydd blaenor am hanner can mlynedd.

'Mwy sy'n ôl,' meddai yntau.

'Peidiwch â dweud hynny,' ceryddodd hithau. 'Fel yr ydym yma, felly yr ochr draw; blaenori yma, blaenori draw.'

'Syniad tlws iawn,' ebychodd yntau ac wedi ennyd o oedi, ychwanegodd, 'Does gen i ond gobeithio eich bod chi'n iawn.'

Coffa da am ŵr cywir a didwyll, cadarn ei farn a sicr ei safonau, blaenor rhagorol, un yr oedd cyd-weithio ag ef yn bleser.

Y Parchedig Trefor Davies Jones

Yn 1957 yr oedd Gorsedd Beirdd Ynys Môn yn dathlu ei Jiwbilî ac fe wahoddwyd y Derwydd Gweinyddol gan J.H. Roberts, golygydd y cylchgrawn *Môn*, i gyfrannu erthygl i nodi'r achlysur. Wele rannau o'r erthygl honno sy'n dangos pa mor uchel y syniai'r Llew am yr Orsedd.

Fe'i hatgynhyrchir drwy ganiatâd Gwasanaethau Gwirfoddol Gwynedd.

Y Jiwbilî

Gofynnwch am ychydig o'i hanes gennyf. Gan hynny, ceisiaf ufuddhau. Disgwylir gair o'm cred yn yr Orsedd, y mae'n debyg. Wel, credaf yn sicr ei bod yn hen ac yr wyf yn ei hoffi, pe ond fel crair hanes a thraddodiad; y mae'n hynach nag y myn llu ei gydnabod.

Nid Iolo Morganwg yw ei sylfaenydd, na neb o'n cenedl chwaith, er mor ddymunol fyddai tybio felly. Ond na feddylir mai ffug yw. Os mynnir chwilio am ei gwreiddiau, darllener yr Hen Lyfr ac fe'u ceir yn hanes Cenedl Israel yn ei hymdaith tua Chanaan, a chynrychiola ei meini y deuddeg llwyth yn glir i bob meddwl diragfarn. Cylch cysegredig yw ac awyrgylch yr Allor yw ei gwasanaeth, a phechadurus yw ei hanwybyddu a'i amharchu. Y mae'n syml a naturiol a Duw ei hun yn nawdd iddi. Ni pherthynai rhwysg a rhodres iddi yn gyntefig a cheisio cadw o fewn y terfynau hyn sydd resymol a'r nodwedd yma a welir yng Ngorsedd Beirdd Ynys Môn – heb os.

Wedi gair byr fel yna o ragarweiniad, edrychir ar ei hanes yn ôl ein cof yn unig, gan fod yn hyderus nad awn ymhell ar gyfeiliorn. Maddeuer i mi os digwydd diffygion o'r fath.

Go brin bod gennym gynllun trefnus. Wrth gwrs, fe fu Gorseddau'r Beirdd ynglŷn ag eisteddfodau yn yr Ynys flynyddoedd lawer cyn hyn (1907), yn arbennig yn Llannerch-y-medd, 1835 ac Aberffraw, 1849 . . . ond nid oes a fynnwyf ond â'r un sydd ynglŷn â'r Eisteddfod Sirol yn awr.

Yng Nghaergybi yn 1907 y cofiaf am y gyntaf gan ddilyn

ymlaen gyda'r ŵyl yn Llangefni, yna i Amlwch, Porthaethwy a Llannerch-y-medd. Wedi Gŵyl Gyhoeddi'r eisteddfod yn Llannerch-y-medd, 1911, cynhaliwyd pwyllgor a ffurfiwyd yn rheolaidd, 'Cymdeithas Gorsedd Beirdd Môn', i drefnu ei haelodaeth a'i swyddi a'i swyddogion ac ati. O'r rhai a oedd yn bresennol yno, bron na allaf ddweud mai 'myfi fy hunan a adawyd yn unig'. Dyma rai o'i swyddogion. Dewiswyd yn Dderwydd Gweinyddol, y bardd a'r baledwr urddasol, R. Môn Williams, Caergybi; yn Drysorydd, yr arweinydd pert Gwilym Einion, Llangristiolus; Llew Llwydiarth yn Gofiadur gyda Creigfryn Parry, Llannerch-y-medd yn Rhingyll. Credaf hefyd mai'r annwyl Rhydfab, Cemaes a osodwyd yn Geidwad y Cledd . . .

Yn y blynyddoedd cynnar dynodid ei haelodau ag 'ysnodennau' arwyddocaol ond yn y flwyddyn 1922, yn garedig, anrhegwyd ei swyddogion oll â gwisg, gan y diweddar wron Syr Owen Thomas A.S.

Dilynwyd R. Môn yn Dderwydd Gweinyddol gan Trygarn, Abereilian, Amlwch. Daliwyd y swydd wedyn gan y cyfeillion E.O.J.; John Owen, Bodffordd; Glan Cefni a Gwyngyll . . . Hwyrach, er mwyn mesur o gyflawnder y dylwn ddweud i minnau wasanaethu'r Orsedd am saith mlynedd ar hugain i gyd; Ceidwad y Cledd, blwyddyn; Cofiadur, pymtheng mlynedd, a Derwydd Gweinyddol am un mlynedd ar ddeg (hyd yma!)

Dyna ryw fraslun o'i hanes yn ystod ei thaith faith yn ôl a gofiaf . . . Y mae dipyn yn wahanol ei gwedd erbyn hyn; yn allanol y mae pawb yn eu gwisgoedd gwyn, glas a gwyrdd – rhodd garedig Cymdeithas yr Eisteddfod at ei gwasanaeth a'i hurddas yn yr holl seremonïau.

Efallai y gofyn rhywun beth sydd o werth yng Ngorsedd Môn i ni heddiw. Atebwn: credwn ei fod yn hanes gwirioneddol ac yn werinol ym mhob modd. Cydnebydd Dduw. Agorir ei holl gyfarfodydd trwy ei Gweddi gyfoethog gan ei Chaplan . . . Os oes Bardd, Ofydd neu Gerddor ifanc yn awyddus i ddringo yn y celfyddydau cain trwyddi caiff gymorth i gyrraedd y pinaclau uchaf bosib . . . Y mae Porth yr Orsedd yn agoryd i'r neb a fyn ddyfod trwyddo'n rheolaidd ac amodol, a chroeso brwd yn ei aros. Nid coleg academaidd mohoni cofier; ynddi y cawn drem ar ddull yr hen Dderwyddon gynt; beth bynnag oedd eu diffygion gadawsant rywbeth o werth i'w gadw'n fyw o oes i oes . . .

Bu Gorsedd Môn yn achles i aml un ddyfod yn amlwg. Enwaf ychydig – y Prifeirdd Rolant, Llangefni a Tom Parri Jones, Malltraeth; hefyd Myfyr Môn, Rhosmeirch a'r Parch. R.R. Thomas, Amlwch, y rhai a gawsant fri cenedlaethol.

Gallem ychwanegu rhagor ond dyna ddigon i barhau ei gwasanaeth i werin yr Ynys ddyddiau'r ddaear . . .

Llew Llwydiarth

Y Cyfweliad

A hwythau'n gyd-fyfyrwyr ym Mangor ar ddechrau'r saith-
degau aeth Michael Bailey Hughes a William R. Lewis, ar
ran y cylchgrawn *Ffenics*, i gartref Llew Llwydiarth i'w holi
am darddiad Gorsedd Beirdd Ynys Môn, a'i gysylltiad ef â hi.

Roeddynt eisoes wedi cyfweld R.S. Thomas a'r I.R.A.
Teimlent bellach ei bod yn hen bryd iddynt adfer y
cydbwysedd!

Ymfalchïai'r Llew fod ysgolheigion wedi hen ddarganfod
mai sioe wedi ei dyfeisio gan Iolo Morganwg oedd Gorsedd
Beirdd Ynys Prydain ond roedd Gorsedd Beirdd Ynys Môn
yn wahanol. Onid hi oedd Ynys y Derwyddon? A hynafiaeth
ei Gorsedd yn sicr! A thanlinellu'r hynafiaeth ddiymwad
honno a wneir unwaith yn rhagor ganddo. Yn wir, yr oedd
anwybodaeth ddofn y rhai oedd yn meiddio amau y fath
hynafiaeth yn achos syndod beunyddiol iddo. Ac yr oedd yn
rhaid, ar yr un pryd, dysgu gwers i 'geiliogod y colegau'.
Erbyn diwedd y cyfweliad mae'n anodd gwybod pwy sydd yn
cyfweld pwy! (Diolchir am ganiatâd i'w hatgynhyrchu yma.)

Yn Ffau'r Llew

Llew Llwydiarth yw un o gymeriadau mwyaf lliwgar Ynys Môn, os nad Cymru gyfan. Ef yw'r olaf o hen do eisteddfodol y bedwaredd ganrif ar bymtheg ac fe welir bod athroniaeth y ganrif honno yn ddwfn ar ei feddwl . . .

Cytunodd i gael sgwrs â ni (cynrychiolwyr *Ffenics*) ac i wyntyllu rhai o'i syniadau. Bygythiwyd ni â phastwn ar ein cefnau am gyrraedd ei gartref am dri o'r gloch yn lle dau (ond wnaeth y Llew ddim egluro i ni fod ei gloc ef awr gyfan o flaen un pawb arall!) Beth bynnag am hynny, dyma ran o'r sgwrs ddiddorol a gawsom gydag ef ac a recordiwyd gennym ar dâp.

Ffenics: Felly, yn Llyfr Josua y mae tarddiad yr Orsedd?

Ll. Ll.: Ia, yn y nawfed bennod. Ydach chi'n gwybod sut y daeth cenedl Israel i Ganaan?

Ffenics: Croesi'r Môr Coch dan arweiniad Moses?

Ll. Ll.: Ia, ia, ond groeson nhw rhyw afon?

Ffenics: Yr Iorddonen.

Ll. Ll.: Iawn, reit dda. Ai ar ei thraed ynteu mewn cerbydau oedd hi'n mynd?
(*Ffenics*: distawrwydd).

Ll. Ll.: Ar ei thraed yntê, ac efallai bod yno gamelod, dipyn bach. Pwy oedd yn blaenori'r orymdaith?

Ffenics: Moses?

Ll. Ll.: Ydach chi'n siŵr? Byddwch chi'n ofalus rŵan. Oedd yna swyddogion arbennig yno?

Ffenics: Offeiriaid?

Ll. Ll.: Ia. Gafodd rhai ohonyn nhw orchymyn gan yr Hollalluog drwy offisial, rhyw ddwsin ohonyn nhw?

Ffenics: Am wn i.

Ll. Ll.: Beth oedd y gorchymyn?

Ffenics: Wn i ddim.

Ll. Ll.: Wel i be ydach chi'n dda os nad ydach chi'n deall rhywfaint ar eich Beibl? Gafodd y swyddogion orchymyn gan Dduw i godi cerrig o'r afon?

Ffenics: Dwi ddim yn ama'.

Ll. Ll.: Faint ohonyn nhw gafodd orchymyn?

Ffenics: Deuddeg.

Ll. Ll.: O ble ddaru nhw godi'r cerrig?

Ffenics: Dwi ddim yn cofio.

Ll. Ll.: Mi roeddach chi yno felly os nad ydach chi'n cofio; nid dyna'r ateb cywir nage? Chawsoch chi ddim cyfle i gofio naddo. Sut oeddan nhw i'w cario nhw?

Ffenics: Eu llusgo nhw?

Ll. Ll.: Lle cawsoch chi syniad o'r fath?! Mae'r cythraul efo chi weithiau dwi'n gweld. Nage, ar eu 'sgwyddau yr oeddan nhw i'w cario nhw. Faint oeddan nhw'n ei gario bob un?

Ffenics: Un.

Ll. Ll.: Reit. Oeddan nhw'n nodi rhyw faint neu drymder arbennig i'r cerrig? Baich be y'u gelwir nhw yn Llyfr Josua?

Ffenics: Baich ysgwydd.

Ll. Ll.: Ia. O, 'dach chi ddim yn ddwl hollol. Faint ydi baich ysgwydd, meddech chi, o bwysau?

Ffenics: Mae'n dibynnu ar eich cryfder.

Ll. Ll.: Wel, mi rydach chi'n ateb yn ddigon pert yn fan'na. Ia, ond pobl mewn oed oedd y rhain i gyd; nid rhyw lafnau gwirion mohonyn nhw. Ia, baich ysgwydd. I ble'r aethon nhw â'r cerrig?

Ffenics: I Gilgal.

Ll. Ll.: Ia, ydyn nhw yna heddiw?

Ffenics: Ydyn.

Ll. Ll.: Sut gwyddoch chi?

Ffenics: Chi ddeudodd.

Ll. Ll.: O, fi ddeudodd ia? Hollalluog eto! Mae'r Orsedd yno rŵan, dwi am i chi wybod hynny, fan honno ganed hi. Mae hi yno heddiw, yn Gilgal. Mi fûm awydd ofnadwy mynd yno i'w gweld hi.

Ffenics: Oedd yr Orsedd gyntaf honno'n wahanol i'r math o Orsedd y gwyddom ni amdani heddiw?

Ll. Ll.: Nag oedd. Ella bod yno rhyw dipyn o wahanol siarad a rhyw betha fel'na, ond roedd yno ddeuddeg o gerrig ynddi ac un arall yn y canol. Am beth mae'r deuddeg carreg yn sefyll?

Ffenics: Deuddeg llwyth Israel.

Ll. Ll.: Ia, iawn, siort ora'. Am be mae'r canol yn sefyll?

Ffenics: Duw.

Ll. Ll.: Iawn, mi rydach chi'n ateb yn dda. Faint o led sydd i fod rhwng pob maen?

Ffenics: Wn i ddim.

Ll. Ll.: Wel, hyd y ddynoliaeth. Dyn yn ei hyd iawn ydyw dwy lath, felly mae yna ddwy lath o leiaf i fod rhwng pob maen. Yr Orsedd ydyw'r eglwys yn wreiddiol welwch chi, ac ar dir glas y mae hi i fod bob amser am y rheswm y medrwch chi roi'r meini yno'n sownd ac felly'ch holl eglwys yn glynu yn Nuw ac nid ar balmant tre na dim felly er mai felly y bu hi unwaith yng Nghaergybi ac mi fu unwaith yn Llannerch-y-medd cyn i mi ei stopio hi. Ar dir glas mae hi i fod bob amser.

Ffenics: Sut ddyfodol ydach chi'n ei ragweld i Orsedd Môn ar ôl i chi ei gadael?

Ll. Ll.: Mae hwnna'n gwestiwn anodd a chas i'w ateb. Os nad ydi hi'n mynd i sefyll yn fwy gwreiddiol at ei gorffennol mae hi'n peidio â bod yn Orsedd oblegid cylch cysegredig ydi o gyda phorth i fynd trwyddo, nid i fynd iddo rywsut nac o bob man. Mae porth iddi a dau wyliwr wrtho ac y mae'n rhaid i bawb sy'n mynd iddi fynd trwy'r porth hwn trwy ganiatâd y ddau wyliwr. Mi stopiais i Aelod Seneddol Môn am wneud hynny pan oedd yr Orsedd ym Modffordd.

Ffenics: Ydach chi'n teimlo bod yna ryw ddiofalwch yn yr Orsedd ar ôl i chi ei gadael?

Ll. Ll.: Mae'n gas gen i ddeud ond dwi'n methu gweld ei bod hi'n cael ei chadw gydag urddas o gwbl bellach; yn Llangefni y llynedd fe ddaeth yna ryw offeryn cerdd, rhywbeth tebyg i lowdspicar a rhyw lol fel'na at y maen a doedd ganddyn nhw ddim hawl i fod yno o gwbwl a doeddan nhw ddim yn dod i mewn trwy'r porth; roeddan nhw'n dod i mewn rhywle leician nhw – maen nhw wedi gollwng pob rheol a threfn allan ohoni! Dyna pam roeddwn i'n deud wrthach chi fy mod i wedi troi un yn ei ôl pan oeddwn i ym Modffordd – a dyna'r hwyl ora' oedd 'na i gyd oedd gweld hwnnw, a hwnnw'n ddyn mawr eithriadol mewn ystyron byd o farnu, ac yn gyfaill i minnau hefyd, ac mi fu raid iddo fynd yn ôl.

Ffenics: Sut brofiad oedd cael eich cadeirio yn Steddfod Môn yng Nghemaes?

Ll. Ll.: Gwerth dim! A'r gadair yn ddim ond cadair i siglo plentyn bach blwydd oed. Dydi hi ddim gwerth, ddim yn gadair steddfod o gwbl. Dyna'r salaf welais i erioed, wn i ddim beth wnaeth iddyn nhw wneud peth 'run fath â hi.

Ffenics: Pwy ydi'ch hoff feirdd Cymraeg chi?

Ll. Ll.: Wel, Dyfed ac Elfed a Phedrog a Jôb, dyna'r prif rai fel beirdd. Mae yna eraill. Hwfa Môn, y Prifardd cyntaf ac Archdderwydd penodedig cyntaf Sir Fôn. Yr hen Dderwydd cyntaf oedd Dewi o Ddyfed; doedd o ddim wedi ei bennu yr un fath ag y gwneir heddiw, ond fo oedd y cyntaf i lywyddu; fedrwch chi mo'i alw fo'n Archdderwydd ond fo oedd y cyntaf i lywyddu yn Sir Fôn yr adeg hynny. Ond mae eisiau i chi gofio hyn, fod Gorsedd ym Môn yn y chweched ganrif ac roedd Eisteddfod Môn yn y chweched ganrif, yn Llanfechell, ac yn Llannerch-y-medd, ac ym Miwmares, pan oedd y *Queen of Rumania* yno'n llywyddu. Doeddwn i ddim yno er cyn hyned ydw i; doeddwn i yn yr un ohonyn nhw ond yr oedd Eisteddfod a Gorsedd ym Môn yn y chweched ganrif!

Ffenics: Be ydach chi'n ei feddwl o'r farddoniaeth fodern 'ma?

Ll. Ll.: Dim! Methaf â gweld bod yna farddoniaeth yn ei hanner hi.

Ffenics: Am ba resymau'n bennaf?

Ll. Ll.: Wel, dwi ddim yn eu gweld nhw'n cynhyrchu dim byd mewn iaith fel y buaswn i'n licio; dydi'r Gymraeg ddim yn dda ynddi a dydi'r mesurau ddim yn dda. Does yna ddim pedwar mesur ar hugain mewn dim byd rŵan.

Ffenics: Be am y ffaith fod Steddfod Môn wedi llacio'i rheolau ynglŷn â'r pedwar mesur ar hugain eleni?

Ll. Ll.: Wel ia, ond maen nhw'n ei rhoi hi am gerdd; y llynedd mi rhoeson hi am rwbath-rwbath tua Llangefni 'na. Wrth gwrs, dydw i ddim wedi bod yno ers blwyddyn, nid y fi ydi'r pennaeth rŵan.

Ffenics: Gwaetha'r modd . . .

Llew Llygod

Rwy'n tybio mai yng Nghapel Gosen, Llangwyllog y gwelais i'r Llew am y tro cyntaf erioed pan oedd cynrychiolwyr Ysgolion Sul y Dosbarth wedi dod ynghyd i'r cyfarfod ysgol a ninnau'r plant wedi bod wrthi'n chwys ac yn llafur i gyd yn dysgu'r meysydd cof ar eu cyfer.

Clywais gryn sôn amdano cyn hynny wrth reswm, ar gyfrif ei waith fel cynghorydd sirol, pregethwr cynorthwyol a 'dyn caled' a allai droi ei law at holl grefftau'r fferm, yn ogystal â'i gyfraniad pwysig i'r Weinyddiaeth Amaeth yn ystod y rhyfel yn difa llygod mawr! Yn wir, bu rhai yn ddigon dienaid yn ystod y cyfnod hwnnw i'w ailfedyddio yn 'Llew Llygod'!

Dyn a oedd ar delerau da ag ef ei hun rownd y rîl oedd o. Dyn mawr ymhob ystyr gyda wyneb llawn a'r mwstásh trwchus hwnnw yn bargodi o dan andros o drwyn, a'i wallt claerwyn yn gorchuddio coler ei gôt fawr ddu. Gwallt bardd chwedl yntau! A dyna'r llun sydd wedi glynu yn y cof o'r dyn a gerddodd yn bwyllog, â'i ddwy law ymhleth y tu ôl i'w gefn, i lawr llwybr Capel Gosen y diwrnod hwnnw tra bod y gynulleidfa yn canu'r emyn cyntaf.

Unwaith yr oedd wedi cyrraedd y sêt fawr, trodd ei olygon i'w hwynebu gan godi ei ên i gymryd stoc o bawb a phopeth. Yna, eistedd yn stwrllyd i gyfeiliant ryw 'Hmhm' fawr a charthiad gwddf a oedd fel petai yn awgrymu, 'Ia, fi ydi o!'

Yr oedd y llais dwfn a'r drem fygythiol yn ddigon i godi

arswyd ar bob un ohonom, a'r diwrnod hwnnw, fe lwyr gredwn i fod y bobl mewn oed yn ei ofni hefyd!

Bu'n arwain a beirniadu'r adrodd droeon yng Nghylchwyliau'r Dosbarth a gâi eu cynnal yn y Neuadd Newydd ger Capel Jeriwsalem, Llannerch-y-medd. Gallai fod yn ddigon cas a chwyrn wrth alw enwau y rhai oedd yn cystadlu hefyd; yr adroddwyr dan ddeg oed, dyweder:

'Hmhm, be ydi'r enw yma? Hmhm, Jas . . . Jasm . . . Hmhm . . . Jasmeein . . . Jasmain-Jâasss . . . myn?' Hyn oll gan daranu â'i wedd yn guchiog, 'Pam na rowch chi enwau iawn ar eich plant, bobol?'

Dro arall, wrth feirniadu'r adroddwyr mewn oed a geisiai gyflwyno 'Breuddwyd', bu mor ansensitif ag awgrymu bod un cystadleuydd wedi codi hunllef arno:

'Cyn ymddangos ar lwyfan eto,' cyhoeddodd yn sarrug, 'rydw i yn eich cynghori chi i edrych arnoch eich hun yn y drych (bloedd!) . . . wnewch chi ddim ymddangos ar lwyfan wedyn mi dyffeia' i chi!'

Y syndod oedd ei fod yn cael rhyddid i ddweud beth a fynnai, a phan fynnai, heb i neb ddannod hynny iddo.

Ond fel llawer tebyg sy'n ymhyfrydu mewn siarad diflewyn-ar-dafod gallai fod yn groendenau iawn ei hun oni châi ef ei ganmol am ei aml a'i amrywiol berfformiadau. Gwn am ambell un a dreuliodd flynyddoedd yn porthi ei fympwyon trwy ei or-ganmol:

'Mr Owen, roeddwn i'n meddwl eich bod chi'n arbennig o dda yn agor y mater yn y Seiat Dosbarth.'

Yntau yn ateb:

'Hmhm! Rwyt ti'n deud 'mod i'n dda! Hmhm! 'Ro'n i'n meddwl 'mod i'n orchestol. Hmhm!'

Mae'r tâp o'r cyfweliad a roddodd i William R. Lewis a Michael Bailey Hughes yn fy meddiant ac yn wir y mae'n gofnod hynod ddiddorol a gwerthfawr, gyda'r Llew yn troi'r byrddau ar y ddau lafn o Goleg Prifysgol Cymru ac yn gwaredu na fuasent, o gofio bod y ddau yn feibion i offeiriaid, yn llawer goleuach eu Beibl!

Wedi rhefru yn hir am hynafiaeth Gorsedd Môn y mae'n cyfeirio at y cam enbyd a gafodd un tro o fethu â chael llwyfan ar y Prif-adroddiad mewn rhyw eisteddfod neu'i gilydd:

'Ac awdur y darn ei hun yn y rhagbrawf,' meddai. 'Hwnnw yn neidio i ben y stêj i ddeud wrth y gynulleidfa bod yr adroddwr gorau ar ôl – a fi oedd hwnnw. Hmhm!'

Yn ôl y synau cefndirol sydd ar y tâp, y pesychu a'r sniffian, roedd hi'n galed ar yr hogiau i gadw'n sobor! Ac mae'n bryd i minnau gyfaddef, yn ddistaw bach, imi flynyddoedd yn ddiweddarach selio cymeriad Edwards y Felin yn y gyfres 'Hufen a Moch Bach' (Harri Parri) ar y Llew.

Digwyddiad arall y bu i'r Llew chwarae rhan gwbl nodweddiadol ynddo oedd yr un y soniodd Albert Owen amdano ryw dro. Roedd rhyw hen fachgen o blwyf Rhodogeidio wedi marw'n sydyn ac Albert, yn rhinwedd ei swydd fel ymgymerwr angladdau, wedi ei alw yno i drefnu manylion y cynhebrwng.

Roedd y teulu'n awyddus i Llew Llwydiarth, fel cyfaill i'r ymadawedig, gymryd rhan yn y gwasanaeth yn eglwys Llechcynfarwy. Wedi i Albert gyrchu i Garmel gyda'r neges, cododd y Llew o'i gadair, ac wedi iddo dynnu'i law fawr dros ei dalcen a'i drwyn a thrwy'r mwstásh, dyma fo'n ebychu – 'Hmhm', ac mewn llais oedd yn ymylu ar gracio'n ddagreuol – 'Hmhm! Dafydd Robaitsh druan. Ia wir. Hmhm . . . wrth gwrs y gwna' i gymryd rhan. Faswn i ddim yn disgw'l dim llai na bod y teulu yn gofyn i mi – y bobl ardderchog, agos i'w lle ag ydynt . . . Hmhm . . . '

Tasg nesaf yr ymgymerwr oedd mynd at offeiriad eglwys Llechcynfarwy, ond daeth ymateb chwyrn a chwbl bendant pan grybwyllwyd y rhan fyddai'r Llew yn ei chymryd yn y gweithgareddau.

'Dim peryg yn y byd,' meddai. 'Fi, a dim ond y fi fydd yn cymryd rhan yn yr eglwys dalltwch chi!'

Wedi gweld nad oedd modd cael y person i ildio'r un

fodfedd dyna fynd yn ôl at y Llew. Roedd ei ymateb yntau yr un mor nodweddiadol:

'Hmhm . . . faswn i ddim wedi disgwyl dim arall gin y mynci . . . Hmhm, mi a' i i air o weddi wrth borth y fynwent 'ta.'

A dyna'n union ddigwyddodd. Yr orymdaith angladdol yn cyrraedd giât y fynwent, y Llew – â'i gefn ati ac at y person yr ochr arall iddi – yn wynebu'r arch a'r elor gyda'r teulu yn eu dilyn.

'Gawn ni blygu pen mewn gweddi . . . Ein Tad . . . rydan ni yma i ffarwelio â dyn mawr . . . Hmhm . . . dyn gwerthfawr i ardal gyfan, dyn oedd yn ddyn i bawb ac nid rhyw ddyn bach i ryw garfan fechan o bobol. Dyn oedd Dafydd Robaitsh oedd yn medru gneud efo pawb . . . ' (a chan ryw led droi at y giât cyn ychwanegu) ' . . . sy'n fwy nag a fedrwn i 'i ddeud am ambell un arall yn ein cymdogaeth.'

Bu wrthi am un chwarter awr helaeth yn clodfori rhinweddau yr ymadawedig o'u cymharu 'â'r ambell un arall', tra bod pawb, gan gynnwys y person ei hun, yn gwybod yn iawn at bwy y cyfeiriai!

Afraid dweud ei fod yn cymryd ei swydd fel Derwydd Gweinyddol o ddifrif. Bu sawl digwyddiad trwstan yn ystod y Dderwyddiaeth honno. Cyflwynai'r beirniad yng nghystadleuaeth y Gadair un tro:

'Mae'n bleser mawr gen i,' meddai, 'alw ar y beirniad . . . Gwilym R. . . . Tidli . . . Hmhm . . . i draddodi.'

A Mair Mathafarn, y Cofiadur, yn sibrwd yn ei glust:

'Naci, Tilsley.' Yntau yn ei gywiro ei hun:

'Gwilym R. Tidli-Tilsley 'ta!'

Dro arall yr oedd Charles yn digwydd bod yn arwain cyfarfod o Eisteddfod Môn, (wedi iddo ddychwelyd o gyfnod yn y diffeithwch am ryfygu cyhoeddi o'r llwyfan ar ôl un o seremonïau'r Orsedd un tro: 'Ar ôl y syrcas yna mi awn ni ymlaen â'r steddfod!')

Daeth Owen Henry Williams, Tanrallt, Bodedern at ochr y llwyfan:

'Châls?'

'Ia, be sy'?'

(Owen Henry Williams oedd Ceidwad Cledd yr Orsedd, cyn-blismon nerthol a thrwm o gorffolaeth.)

'Coroni nesa Châls.'

'Ond fedra' i ddim.'

'Ma'n rhaid ichi Châls.'

'Ond nefo'dd annw'l, mae 'na ddau gôr adrodd i ddod ar ôl hwn ac wedyn tri o denoriaid . . . hynny i gyd cyn y coroni . . .'

'CORONI NESA.'

'Ond pam neno'r nefo'dd?'

'Ma'r Llew isio troi clos a fedar o ddim dal yn hir!'

Gorchwyl rhy anodd fyddai i'r Llew ymryddhau o'r lifrai Derwyddol ar alwad natur a'u gwisgo'n ôl drachefn heb gymorth ei nith! O'r herwydd, yr oedd mawr frys!

Digiodd yn arw wrth Fwrdd yr Orsedd pan gafodd ei droi o'i swydd. Bwriodd ei fol wrth hen gyfaill, y Prifardd Tom Parri Jones, a oedd, fel y tystia ei *Teisennau Berffro*, yn dipyn o wàg, a chafodd glust lawn cydymdeimlad ganddo. Wedi winc awgrymog, esgorwyd ar gynllwyn . . .

Pan alwodd y Derwydd Gweinyddol newydd ffugenw'r buddugol yng nghystadleuaeth y Gadair yn Eisteddfod Môn, Cemaes, ymhen y flwyddyn, pwy gododd ar ei draed gan gilwenu ar ganiad y Corn Gwlad ond y fo. Pa ffordd well i dalu'n ôl am gamwri'r Orsedd na thrwy ennill, yn gam neu yn gymwys, yn haeddiannol neu'n anhaeddiannol, ei chadair hi?

* * *

Ond er gwaetha'r holl fombast roedd i'r hen frawd rinweddau pendant.

Plentyn ei gyfnod oedd o wedi'r cwbl ac er na chafodd fanteision addysg roedd ganddo bob amser iaith goeth a

'Yn ei anterth yn neinti.'

Patriarch ymhlith patriarchiaid!
Ei ddosbarth Ysgol Sul yng Ngharmel oddeutu 1923.
(Ef yw canol yr ail res.)

'Carmel' gan Kyffin Williams R.A.
(Diolchir am ganiatâd i'w atgynhyrchu.)

Dosbarth Ysgol Sul oddeutu 1959, gyda'i ddeuddeg disgybl.
(Mae un yn absennol o'r llun.)

*Rhoi sbrigyn o ddarpar Archdderwydd ar ben ei ffordd
yn Eisteddfod Môn, Bodedern, 1960.
Eisteddfod 'Y Tad a'r Mab' oedd honno – Emrys (uchod) yn
ennill y goron a Monallt y gadair.*

Y CYMRO

(THE WELSHMAN)   *The National Welsh Newspaper*

*Y syrcas yng Nghaergybi, 1962, pan fu ond y dim i'r Llew
â gorfod cadeirio dau!*

Mwynhau picnic yng nghwmni 'Griffiths Paget' Rhos-y-bol
ar eu ffordd i Eisteddfod Genedlaethol y Rhos, 1961.

Derwydd Gweinyddol Gorsedd Beirdd Ynys Môn
yn cadeirio egin Archdderwydd Gorsedd Beirdd
Ynys Prydain – Jâms Nicolas, Niwbwrch 1959.

Cyhoeddi Eisteddfod Môn, Rhos-y-bol, 1955.

Y goron ar goll! Amlwch 1961.
'No Crown, No Coroni,' *gwaeddodd Geoff Charles.*

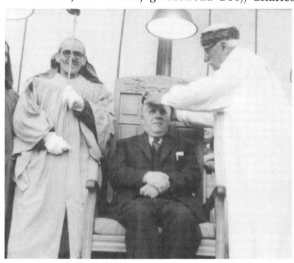

Ond wedi ei chael, nid oedd yn ffitio.

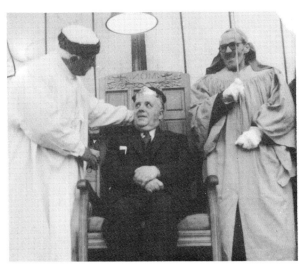

Ar ôl ymdrech 'lew', mae'n clwydo'n ansicr ar gorun Huw Llewelyn Williams.

Cyflwyno 'Anerchiad' i Llew Llwydiarth gan Awen Mona, Eisteddfod Amlwch, 1961.

Eisteddfod Môn, Pentraeth, 1963.
Seremoni cadeirio Ellis Aethwy Jones.

Gorsedd Beirdd Ynys Môn,
Bro Goronwy, 1969.

Croesawu disgynyddion Goronwy Owen, 1969.

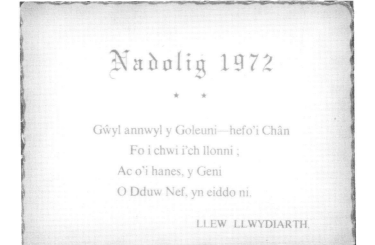

Nadolig 1972

* *

Gŵyl annwyl y Goleuni—hefo'i Chân
Fo i chwi i'ch llonni ;
Ac o'i hanes, y Geni
O Dduw Nef, yn eiddo ni.

LLEW LLWYDIARTH.

Ei gerdyn Nadolig olaf.

Rhoi cyngor tadol i Gwilym R. Tilsley.

ER COF AM

W. CHARLES OWEN

LLEW LLWYDIARTH

1881 — 1972.

Blaenor yng Ngharmel

1907 — 1972.

Derwydd Gweinyddol Gorsedd Beirdd

Môn

1948 — 1970.

Aelod o'r Cyngor Sir

1946 — 1972.

LLAFURIAIS ER GADAEL MÔN YN WELL
NAG A GEFAIS HI.

Y daflen, ddiwrnod ei angladd.

Arosfa ar werth.

Bargeinion yr ocsiwn!

Llawysgrifen y Meistr.
Darganfuwyd ym mhlygion Cyfrol Goffa Diwygiad 1904-05.

ER COF ANNWYL
AM
ANN OWEN,
BRYN OWAIN, LLECHCYNFARWY,
HUNODD CHWEFROR 11, 1858,
YN 71 ML. OED.
"LLAWER MERCH A WEITHIODD YN
RYMUS; OND TI A RAGORAIST ARNYNT OLL."
HEFYD EI HANNWYL BRIOD
WILLIAM CHARLES OWEN,
(LLEW LLWYDIARTH.)
HUNODD RHAGFYR 24, 1872,
YN 91 ML. OED.
"MI A YMDRECHAIS YMDRECH DEG,
MI A GEDWAIS Y FFYDD."

Ym mynwent Penmynydd, a'r 'hen Shir wedi gwagio'.

chywir gyda dylanwad y Beibl yn drwm iawn arni. Yr oedd ganddo fesur o hiwmor hefyd pan adawai i'r masg hunanbwysig lithro. Rhoddodd oes hir o wasanaeth i'w gymdeithas, ac mewn cyfnod pan fo pobl bellach mor debyg i'w gilydd, mae colled ar ôl cymeriadau o'i fath ef. Rwy'n falch imi gael ei adnabod, ac mae'r tâp yn dal yn drysor.

J.O. Roberts

Syrcas

'Tent fawr!'

'Ia 'ngwas i.'

Gwyn, ar lin ei fam yn ddwyflwydd, yn datgan syndod o eistedd mewn pabell eisteddfodol am y tro cyntaf. Yr oedd o'n bresennol ym Modedern ddwy flynedd ynghynt hefyd, ond heb ddod i oleuni dydd adeg yr ŵyl yn y pentref lle bu un o'i deidiau'n hogyn bach.

'Ydi fy nhei i'n syth?'

'Ydi, ista'n llonydd.'

Megan yn cael llawn cymaint o drafferth i dawelu'r tad ag a gâi i gadw'r bychan yn ddiddig yn seremoni'r cadeirio yn Eisteddfod Môn, Caergybi, 1962. Nid oeddwn yn edrych ymlaen gymaint â hynny at yr achlysur, o gofio fy mhrofiad o fod ar yr un llwyfan â'r Derwydd Gweinyddol ddwywaith o'r blaen.

'Mae o'n athrawiaethu yn ymyl y môr!' Cofiaf chwysu chwartiau yn Rhosneigr pan gyhoeddodd Llew Llwydiarth hynny amdanaf adeg y cadeirio a minnau'n dysgu plant yng Nghroesoswallt ar y pryd!

'Ei enw yw E . . . Jones . . . ' Chwysu'n waeth ym Modedern a cheisio sibrwd o gornel fy ngheg,

'Naci . . . ROBERTS!'

'Be?'

Y Llew yn troi ataf yn ddig am feiddio'i gywiro ynglŷn â'm enw. Roeddwn ar fin sisial eilwaith ond wedi syllu i mewn i'w glust dyma ailfeddwl. Pa obaith oedd iddo ddeall drwy'r tyfiant blew, heb imi floeddio?

'Dyn mewn dillad gwyn!'

Gwaedd y bychan yn fy ngorfodi i ddychwelyd o'm crwydro atgofus. Diolch byth, yr oedd yr Orsedd wedi cyrraedd ac felly nid oedd gennyf lawer o amser eto i aros cyn sefyll yn grynedig gerbron y Llew. Gwrando'n astud ar Euros yn traddodi'i feirniadaeth. Roedd gen i barch mawr tuag ato fel bardd a beirniad – yn wir, dyna'r rheswm imi gynnig amdani, er mai tlws ac nid cadair go iawn oedd y wobr.

'Safed Cadfan ar ei draed!'

Llew Llwydiarth yn wên o glust i glust, o ddeall bod cadeirio i fod. Y waedd o orchymyn yn cyrraedd i gyrion pellaf y babell. Yr oedd y gambl wedi llwyddo felly! Ond a fyddai protest yn digwydd ymhen amser tybed? Wedi'r cwbl, am gerdd ar gynghanedd ac odl y gofynnwyd, a minnau wedi dod i'r brig hefo darn o farddoniaeth mewn *vers libre* cynganeddol! Teimlwn ym mêr fy esgyrn fod rhywbeth ar fin mynd o'i le. Yr oeddwn yn iawn, er na thwigiodd neb efo mesur y gerdd chwaith!

Petrusais cyn codi. Wedi'r cwbl, nid yw'n beth neis iawn na gweddus i neidio i fyny'n syth mewn dull hunanol a balch. Yna dechreuodd y crwtyn glapio! Onid oedd hynny'n naturiol, er bod pawb yn y babell wedi dechrau cymeradwyo'n frwd ar ôl gweld gŵr arall ar ei draed rywle ynghanol y gynulleidfa? Tro Megan oedd cynhyrfu wedyn!

'Coda ar dy draed!'

'Ond . . . Mae nacw wedi . . . '

'Mae gen ti lythyr yn dy boced yn deud dy fod ti wedi ennill, does?'

Ymsythai'r Llew ar y llwyfan yn barod i groesawu'r cyfaill a ddaliai i sefyll yn urddasol tra bod cymeradwyaeth y dorf yn cynyddu mewn angerdd a theimlad! Gwenai Euros yntau'n dawel wrth weld y ddau gyfaill a oedd i gyrchu'r bardd yn cychwyn, ar orchymyn y Derwydd Gweinyddol, ar eu taith o'r llwyfan.

'Mam yn crio!'

Oedd, yr oedd dagrau yn llygaid Megan erbyn hynny a lwmp yn fy ngwddf innau.

'Wyt ti'n mynd i . . . ?'

Codais. Ddigwyddodd dim am ryw eiliad! Ond anghofia' i fyth yr olwg ar wyneb y Llew pan sylweddolodd fod dau ar eu traed yn y dorf. Dau yn sefyll i hawlio un gadair! Ofnwn iddo lewygu yn y fan a'r lle. Wedi'r cwbl, prin y digwyddodd yr un dim o'r fath mewn unrhyw eisteddfod, fach neu fawr, yng Nghymru erioed o'r blaen. Ond chwarae teg iddo, fe gadwodd yn reit cŵl.

Eithr nid felly'r gynulleidfa! Trodd rhai i edrych arnaf i tra bod y lleill yn dal ati i gymeradwyo'r llall. Roedd hwnnw'n dal i'w fwynhau ei hun ac yn sefyll yn syth fel pelican. Dechreuodd rhai chwerthin, eraill i weiddi'n hwyliog. Do, fe aeth yn syrcas yno am ychydig. Stopiodd Wil Owen a Machraeth – y ddau gyfaill a anelai at y bôi yn y siwt dywyll yn stond, wedi rhewi yn eu tracs neu fel llwynog Williams-Parry.

'Diolch byth . . . '

O'r diwedd fe eisteddodd y gŵr trwsiadus a oedd â'i gefn ataf ac yn llawer nes at y llwyfan nag oeddem ni'r teulu bach. Rhedai chwys i lawr fy nhalcen. Rydw i'n greadur sy'n chwysu ar ddim beth bynnag. Synhwyrwn fod Monallt a Mam a rhieni Megan mewn rhan arall o'r babell, hwythau bron â chael ffitiau ers meitin!

'Llongyfarchiadau!'

Pob parch i'r Llew, sut bynnag y teimlai fe gefais groeso cynnes a didwyll ganddo wedi imi gyrraedd y llwyfan ac fe gyflawnodd ei ddyletswyddau'n urddasol a di-lol. Ni pherfformiodd yr un llew mor hunanfeddiannol, er gwaethaf y sioc gychwynnol.

'Ac yn awr, fe ganwn ein Hanthem Genedlaethol.'

Fedra' i ddim canu ond gwnes ryw ystumiau â'm ceg gan ysu ar yr un pryd am gael dianc yn ôl at weddill y teulu ac allan i'r awyr iach am smôc, er mwyn cael gwybod yn union beth aflwydd oedd wedi digwydd.

Y Tad Patrick Collins, offeiriad Pabyddol o Wyddel fel y cefais wybod yn fuan, oedd y llall. Gŵr diwylliedig a oedd wedi dysgu digon o Gymraeg i lunio ambell englyn ond heb fod yn rhy gyfarwydd, yn amlwg, â defodaeth eisteddfodol! Roedd o wedi codi o'i sedd i geisio cael cip ar hen gyfaill iddo a oedd yn aelod o'r Orsedd – Tom Griffiths – y feri eiliad yr oeddwn i i fod i sefyll. Sôn am amseru perffaith! Wn i ddim am ba hyd yr arhosodd felly yn hapus braf ar ei draed cofier ond fe ymddangosai fel oes gyfan i mi! Chwarddais wedyn ond doedd y peth ddim yn ddigri ar y pryd.

'Sut oeddet ti'n teimlo?' holodd Dyfed Evans ar gae'r eisteddfod wedi imi sadio rhyw gymaint.

'Mi aeth â 'ngwynt i, fachgian,' atebais innau.

Y pennawd yn *Y Cymro* yr wythnos wedyn, mewn llythrennau breision uwchben llun o'r patriarch a minnau oedd:

'AETH Y GWYDDEL Â GWYNT Y BARDD . . . A'I GADAIR BRON IAWN'.

Mae'r toriad hwnnw'n un o'n trysorau ni fel teulu bellach a Gwyn, sydd bron yn bymtheg ar hugain erbyn hyn, yn mwynhau darllen am y sbort cystal â neb!

Cefais amryw o brofiadau hwyliog mewn eisteddfodau ar hyd y blynyddoedd, ond ni allai yr un dim gymharu â'r olwg ar wyneb y Llew pan fu bron iddo orfod cadeirio dau!

Y Prifardd Emrys Roberts

Cofio ambell steddfod

Arferai Llew Llwydiarth ddod i bregethu i Bethesda, capel yr Annibynwyr yn Llanfachraeth (y Capel Bach fel y'i gelwid) ambell waith. Am ein bod ni yn ffurfio Taith gyda Saron, Bodedern, byddai'r pregethwr yn dod atom ni i'r Ysgol Sul bob yn ail Sul yn selog, ac fe fyddai gan y Llew arferiad digon rhyfedd oedd yn peri llawer o hwyl i ni'r plant ar y pryd, canys rhoddai enwau gwahanol, o'i ben a'i bastwn ei hun, ar bob un ohonom.

Anelai gwestiwn at Ifor, fy mrawd, gan annog yn daer,

'Ty'd rŵan Huw bach.' Troi at Llew wedyn, 'Wel Robin, be s'gin ti i ddeud wrtha' i?' Ac wrthyf fi, 'Wil wyt ti'n cysgu d'wad?' Yna troi wedyn at Lena, fy chwaer, 'Wel tria di 'ta Jini.'

Fe fyddem ninnau, wrth gwrs, yn pwnio'n gilydd ac yn chwerthin a chael hwyl fawr ar ôl mynd allan ac yn galw'n gilydd wrth yr enwau a roesai ef arnom! Ond fe fyddai'n gwylltio efo ni weithiau ac yn troi'n bur styrn ac yn ei gaddo hi inni gan ddweud,

'Nid matar o sbort ydi'r Efengyl dalltwch chi.'

Ond ef ei hun oedd wedi creu y sbort yn y lle cyntaf, er ei fod yn rhy ddall i sylweddoli hynny!

Yn ystod y blynyddoedd wedi'r Rhyfel bu'n fy nghymell droeon i ymuno â'r Orsedd, minnau'n gyndyn o wneud hynny ar y pryd am fod pethau eraill, llawer pwysicach, megis dilyn clybiau pêl-droed, wedi mynd â'm bryd yn llwyr!

Ond fe gynhaliwyd Eisteddfod Môn, 1954, yng Nghemaes

a chefais fy nghornelu ganddo. Roeddwn i wedi mynd yno am fy mod wedi cael achlust mai O.M. Lloyd oedd i gael y gadair. Roeddwn i'n sefyll yng nghyntedd neuadd y pentref pan oedd yr Orsedd yn dod allan, minnau'n nodio ar hwn a'r llall wrth i'r orymdaith ymffurfio. Cyn hir ymddangosodd y Llew ac roeddwn i'n tybio nad oedd o wedi sylwi arnaf, ond fel yr âi heibio, gwelwn ryw law fawr yn dod allan o blygion y regalia, a chefn y llaw fawr honno yn fy nharo ar fy mol – digon o ergyd i fynd â'm hanadl bron – ac yntau'n chwyrnu'n geryddgar,

'Rwyt ti'n colli'r ffordd yn ffast dallta di.'

Dyna Eisteddfod Môn, Bro Goronwy, 1969 wedyn. Roeddwn i wedi mynd yno ar y Llungwyn ac wedi taro ar hen gyfaill, un a fu'n gyd-athro efo fi yn Ysgol Syr Thomas Jones, Amlwch – y bardd dawnus, James Arnold Jones o'r Rhyl. Mi rannodd y gyfrinach gyda mi mai ef oedd yn mynd i gael y gadair ac mi eisteddais yn gwmni iddo yn y babell i ddisgwyl y seremoni.

Am ryw reswm roedd y Llwydiarth yn ddryslyd iawn y prynhawn hwnnw, yn fwy dryslyd nag arfer felly; wn i ddim beth ddaeth drosto. Gollyngodd fonllef unwaith neu ddwy cyn dechrau'r gweithgareddau gan weiddi,

'A oes heddwch?' tra bod Mair Mathafarn a fu'n gymaint o gefn iddo am flynyddoedd yn ymdrechu'n wrol i'w gael yn ôl ar y cledrau. Ond doedd o ddim am gymryd ei gywiro.

'Hm! Hm! Practis oedd hwnna,' meddai, 'dim byd ond practis.'

Wedi iddyn nhw gyhoeddi'r ffugenw buddugol a'r enillydd yn sefyll ar ei draed, fe'i cyrchwyd i'r llwyfan a'i osod i sefyll wrth ymyl y Derwydd Gweinyddol, hwnnw'n ysgwyd ei law ond yn gwrthod gollwng ei afael wrth wynebu'r gynulleidfa.

'Y bardd buddugol,' cyhoeddodd, 'yw y Prifathro James Arnold Jones,' ac Arnold yn ffrwcslyd reit yn ceisio ei argyhoeddi nad prifathro mohono. Y Llew wedyn yn taranu, 'Ond mi fydd yn brifathro ar ôl hyn 'ta!' Yna aeth rhagddo i ddweud rhagor am fardd y gadair:

'Does ryfadd yn y byd ei fod o'n fardd cadeiriol oblegid mae o'n fab i'r diweddar annwyl Barchedig James Jones, Bethesda,' ac Arnold yn ceisio egluro drachefn mai James Jones, y Bermo, oedd ei dad a'r Llew yn taeru yng ngŵydd pawb, 'Ond mi fuodd ym Methesda hefyd yn do?'

Roedd hynny'n eitha gwir wrth gwrs, ond iddo fod yn weinidog ym Methesda am naw mis ac yn y Bermo am bum mlynedd a deugain!

Tro Ceidwad y Cledd oedd hi wedyn i ddod ymlaen gan godi'r cleddyf mawr uwchben y bardd tra bod y Llew yn gafael yn y carn, ond cyn galw am 'Heddwch' dyma fo'n rhoi gorchymyn:

'Rydw i am i bob aelod o'r Orsedd sydd o'r tu ôl imi, neu'r rhai sydd o fewn cyrraedd imi, gyffwrdd â'r cledd, ac oni allwch chi gyffwrdd â'r cledd, cyffyrddwch ynoch eich gilydd, neu o leia gafaelwch yn nwylo eich gilydd.' A chan droi drach ei gefn a sylwi ar res o Americanwyr (disgynyddion Goronwy Owen) a ddaethai yno'n unswydd ac a safent ar y llwyfan wrth ei ymyl ond heb ddeall yr un gair o'r hyn a ddywedasai, craffodd yn chwyrn arnynt ac meddai, *'And you Americans do the same,'* a'r rheiny, drueiniaid, yn edrych yn hurt heb syniad yn y byd beth i'w wneud.

Ychydig ddyddiau cyn Eisteddfod Môn, Cemaes, 1970, fe gysylltodd y Parchedig Emlyn John, yr Ysgrifennydd Cyffredinol, â mi.

'Fedri di gadw cyfrinach?' holodd.

'Medraf gobeithio,' atebais innau.

'Ynglŷn ag enillydd y gadair felly?'

'Wel gwnaf siŵr iawn.'

'Dyfala pwy sydd wedi ennill yn gyntaf, 'te?' meddai wedyn. Awgrymais innau enwau saith, wyth neu naw enillydd posibl.

'Nage wir,' meddai yntau, 'dim un ohonyn nhw . . . ond fe fyddi'n falch o ddeall mai un o Fôn ydi o hefyd.'

'O Fôn?' meddwn innau mewn cryn syndod, ond eto'n methu dirnad pwy chwaith.

Yntau'n dal i bryfocio.

'Wyt ti'n rhoi'r gorau iddi?'

'Ydw wir,' atebais, yn y niwl yn llwyr erbyn hynny.

'Mi gei sioc dy fywyd,' rhybuddiodd, ac ar ôl saib fer dyma fo'n datgan, 'Cred neu beidio, Llew Llwydiarth sy'n mynd i'w chael hi.'

Oedd, mi roedd hi'n sioc, yn gryn sioc hefyd!

'Rydw i'n deud hyn wrthat ti,' ychwanegodd, 'am y bydda i angen dy help di i fynd â fo i'w sedd yn y babell, ac yna ei arwain i'r llwyfan pan ddaw'r galw.'

Pan ddaeth yr awr fawr a galwad ar i 'Ap Tarsus' godi ar ei draed ar ganiad y corn gwlad, roedd Emlyn John yn cydio mewn un fraich iddo, minnau yn y fraich arall, ac yn ei dywys yn ddefosiynol i lawr y llwybr canol i gyfeiriad y llwyfan.

Ond yn sydyn, dyma Emlyn John yn sefyll yn stond ble'r oedd o.

'Rhoswch funud,' meddai, beth yn styrblyd. 'Rhoswch . . .'

'Be sy'? Be sy' matar arnat ti d'wad?' protestiodd y Llew.

'Dim ond am eiliad fach,' ychwanegodd Emlyn John, 'oblegid mae fy sbectol i wedi cwmpo ar y llawr.'

Ond cyn iddo orffen ei frawddeg, heb sôn am gael yr un cyfle i'w chodi, rhoddodd y Llew gam ymlaen (anfwriadol, mae'n wir!) gan sefyll ar y sbectol a'i sathru hi'n shwrwd!

'Jiw, jiw!' cwynodd Emlyn John, gan blygu'n ddigalon i godi'r gweddillion. 'Ry'ch chi wedi rhoi eich hen dra'd ar fy sbectol i ddyn!'

Ni chafodd yr un gair o gydymdeimlad nac o ymddiheuriad chwaith, a'r unig beth ddywedodd bardd y gadair wrtho oedd,

'Be oedd hi'n dda ar lawr gen ti yn y lle cynta? Nid fan'na oedd hi i fod, naci?'

Rydw i'n cofio i'r Athro Thomas Parry, wrth roi ei sylwadau ar yr awdl fuddugol, gyfeirio at yr englyn gwael oedd yn glo iddi. Ychwanegodd hefyd ei bod hi'n amlwg nad oedd y bardd yn gwybod ystyr y gair 'derllys' oedd yn yr englyn sâl hwnnw. Erbyn deall, dyna'r unig ran o'r awdl oedd yn eiddo dilys i'r Llew ei hun!

Fe fyddai'n cymryd rhan mewn ymrysonau barddol weithiau er nad oedd ganddo fawr o'r ddawn barod chwaith. Mewn Ymryson y Beirdd a gynhaliwyd yn Eisteddfod Môn, Caergybi yn 1962, fe ddigwyddwn i fod yn aelod o dîm y diweddar Barchedig Huw Llewelyn Williams, y Fali, ac un da am hwyl oedd Huw Llew. Yr hyn wnaeth o oedd cyflwyno llinell o'i eiddo ei hun i'r Meuryn (William Morris) a gofyn iddo roi honno fel tasg i'r timau ei hateb, sef 'Gorfoledd gwraig o'r Fali'.

Yr oedd gan Huw Llew linell dda i'w hateb hi hefyd, llinell i wneud hwyl am ei ben ei hun ac yntau'n weinidog parchus efo'r Presbyteriaid yn y Fali. Eithr wedi iddo ei dangos i mi a gweddill y tîm, fe'i rhoddodd i Llew Llwydiarth o dîm y gwrthwynebwyr i'w darllen.

Aeth ato gan ddweud wrtho, 'Darllenwch chi hon os leciwch chi, mae gen i un arall fy hun.' Derbyniodd y Llew y rhodd annisgwyl yn llawen, oblegid doedd o ddim yn disgleirio am lunio pethau byrfyfyr!

Yn y man, fe alwyd arno i roi ei ateb i'r llinell, 'Gorfoledd gwraig o'r Fali.'

Yntau'n dod i gwr y llwyfan yn bwyllog, yn sefyll yno, a chydag arddeliad a rhyw swagar corfforol trwsgl i gyfeiriad Huw Llew, dyma fo'n cyhoeddi:

'Gorfoledd gwraig o'r Fali
Yw cael Huw i'w thiclo hi!'

A gwên hunanfoddhaus ar ei wyneb fel petai ef ei hun wedi ei llunio!

Ond fe fyddai'n disgleirio yn y Cyngor Sir ambell dro. Yn wir, un o'r areithiau gorau a glywyd yng Nghyngor Sir Môn yn ôl pob tebyg oedd yr araith o eiddo Llew Llwydiarth yn erbyn pysgota yn Llyn Alaw ar y Sul. Ac yr oedd hi'n amlwg oddi wrth y porthi, yr 'Ia! Ia!' a'r 'Clywch! Clywch!' ac ati, y buasai hi'n mynd dipyn yn dynn yn y bleidlais derfynol, er bod lobi'r pysgota ar y Sul, i gychwyn, wedi gobeithio cael buddugoliaeth rwydd.

Mae'n wir mai nhw a orfu yn y diwedd ond dim ond o un bleidlais yn unig. Y drasiedi fawr fu i'r Cynghorydd W. Charles Owen, pan ddaeth hi'n amser iddo fwrw ei bleidlais, ddrysu'n lân loyw, codi ei law o blaid pysgota a difetha'r sioe yn llwyr!

Ond, er mai fel bardd yr hoffai gael ei gofio, y gwir plaen amdani yw nad oedd Llew Llwydiarth yn fawr o fardd. Roedd ei englynion yn dywyll iawn, iawn, yn llawn geiriau cyfansawdd ac yn amlach na pheidio yn hynod glogyrnaidd.

Clywais iddo unwaith ddwyn englyn o eiddo Myfyr Môn gan haeru mai ei un o ydoedd! Wn i ddim faint o wir oedd yn y cyhuddiad, ond fe fu yna gryn ddrwgdeimlad am hydoedd rhwng y ddau ar gownt y mater.

Rai blynyddoedd yn ôl bûm yn siarad efo hen frawd o Amlwch am ei brofiadau yn Ffrainc yn ystod y Rhyfel Mawr. Adwaenai Hedd Wyn yn dda ac yr oedd wedi trysori llawer o englynion ar ei gof – nifer ohonynt yn perthyn i feirdd dechrau'r ganrif yma.

Fe gofiai'r eisteddfod a gynhaliwyd yn Amlwch yn 1909 a'r beirdd, gan gynnwys y Llew Llwydiarth ifanc, a fu'n annerch yng Nghylch yr Orsedd yn yr eisteddfod honno.

Cofiai ddau englyn yn arbennig o eiddo'r Llew bryd hynny:

I Amlwch

Amlwch heb lwch heb laid – ar adain
　　Ei hawen ddiniwaid,
　　Heddiw'n hy, daeth beirdd yn haid
　　I eneinio ein henaid.

Gorsedd y Beirdd, heirdd yw hon – a'r delyn
Gyda'r diliau maethlon,
Rhain yrr fraw gerwina'r fron
Ar ei ogwydd i'r eigion.

Yr union fath o ganu oedd mor nodweddiadol ohono'n ddiweddarach hefyd. Peth wmbredd o sŵn; fawr ddim synnwyr!

Llew Llwydiarth yn ei nerth, a'i wendid!

Richard Jones (Llanfechell)

Rhai enghreifftiau o ganu Llew Llwydiarth

Enghreifftiau yn eu purdeb cynhenid, caboledig, sydd yma heb i'r un golygydd yn unlle ryfygu i newid yr un sill. Fe'u hatgynhyrchir yn union fel yr ysbrydolwyd hwy ar y pinaclau uchaf!

Cyhoeddi Eisteddfod Môn, Rhos-y-bol, Mai 7, 1955

O'r Maen Llog yn swyddogol – a gweddus
    Gyhoeddwn yn unol,
   Dda fudiad eisteddfodol
   A'i siars, a'i brys i Rosbol.

Rhwng deufor, mwy rhagorol a oes le?
    Dewisol yw'n hollol,
   Swyn Monwysion mynwesol
   Sy' i bawb yn Rhos y bol.

Try ffyniant ei orffennol – yn helaeth
    I'w alwad bresennol;
   A'i fedi mewn dyfodol
   O wersi byw wna Rhosbol.

Siôn Rhys yn arhosol yma a fu
    Yn em fawr addysgol;
   A Roberts diarhebol
   A roes barch i Ros y bol.

Glan Rhosydd awenyddol – efo'r gelf
        Ar y gamp englynol;
    Yn ei ddoniau'n haeddiannol,
    Erys y bardd yn Rhosbol.

Cewri o fyd crefyddol – yma gaed
        Mae gwaith yn eu canmol;
    A gwŷr o lên awenol
    A rôi sbarc o Ros y bol.

Nawddoglyd wŷr meddygol – a'r hen 'Fryn'
        A'i fri mawr pulpudol,
    Cododd Huw'r esboniwr duwiol
    Yn eirias berth yn Rhosbol.

Ar y ddaear addawol – y troedir
        Gyda'r trydan siriol;
    Cario bri'r Cyngor Sir
    I'r oesau bydd Rhos y bol.

Ar y Cyngor cynghorol yw y byw
        'Griffiths bach' fasnachol;
    Mae'i anian mor ddymunol
    A'i ras heb wall yn Rhosbol.

Cawn ŵyl fawr, fawr anarferol – pob dawn,
        Pob dim yn uwchraddol;
    Clywn agor calonogol
    O byrsau byw i Rosbol.

Dyma wenau dymunol hen fynydd
        A'i fwynau pres buddiol;
    Trwy ffyniant ei orffennol
    Brasau bu Rhos y bol.

Pur ffodus y 'proffwydol' am heddiw
A'u moddion gorseddol;
A bydd clod Eisteddfodol
Dros y byd i Ros y bol!

Y diweddar Brifardd Rolant o Fôn a fu farw Rhagfyr 8, 1962. (Traddodwyd ar ael ei fedd.)

Am Rolant mi warantaf – yr erys
Oer hiraeth, fel gaeaf;
Ef yn gyfiawn a gofiaf
Yn ei wên, fel heulwen haf.

Gŵr cyfrwys, yn gawr cyfraith – a welid
Yn Rolant ar unwaith;
Fe wybu ef ei obaith
A hwylus oedd ei Lys iaith.

O'r 'isel' uchel yr aeth – amdano
Ymdynnai cylch helaeth;
Nod ffrind, hynod o ffraeth
A'm swynai â'i wasanaeth.

Dringodd i nen awenydd – yn Brifardd,
Ei brofi oedd ddedwydd;
A'i ganu, ar ei gynnydd
Geir yn dal, gan gewri'n dydd.

Cry' o farn y cywir fu – a chyfaill
Na chofiwn ei blygu;
Ac erys Môn i'w garu
Er ei ddwyn i'r ddaear ddu.

Ei 'Graig' uchel, ddihefelydd – a ddeil,
    Ei ddawn glyw y gwledydd;
  Hwnt i'r llen er llawenydd
  Mwy yn fawr am hon a fydd.

Nef yw ei haddef haeddol – drwy ei Grist
    Ei wir Graig hanfodol;
  Wedi'r cur, mae'n gysurol
  'Na ddaw i neb ddoe yn ôl.'

Ym Methlem

Ym Methlem rhown drem ar dri,
Swynol eu hanes inni –
Joseff a Mair a'r Gair gwyn
O Nef wybod yn febyn,
Heb lety ar wely o wair
A gafwyd ar ei gyfair.

Dyma'r Meseia a oedd
Yn eisiau ein hen oesoedd;
Ac yn faban y'i ganwyd
Y dre lom a daear lwyd!
Ein Ceidwad a'i gariad gwir
Yn eilun yno a welir
Dydd o Ŵyl di-addoli
Nid yw yn Ŵyl ein Duw ni;
Ni fydd yn wych fudd i neb
Oni phrisia ei phreseb.

Yng nghôl yr 'Ymgnawdoliad'
Y mae cur yr 'Ymwacâd'
A gwŷr doeth a gâr deithio
O wlad i wlad i'w weld O.
Nadolig da ei wala
Yn llawn Nêr a'u llawenha.
Ac iddo bo'r trysorau
Y myn o hyd eu mwynhau.

Drwy goelio y dirgeledd
Y mae i ni emyn hedd;
Cans ei ddeall ni allwn,
Dyrys o hyd erys hwn;
O'i gariadus wiw gredu
Eitha'n Tad weithia o'n tu.

Dirgelwch y Galon

Gweled gwaelod y galon – ni ellir
    Trwy allu neb dynion;
    Ac o'r nefol drigolion
    Ni wêl ond Duw luniad hon.

Sant

Dyn a gras o dan ei gred
A 'dyn newydd' diniwed.

Hiraeth

Hen gleddyf hir yw Hiraeth,
A chwerw i serch ei arw saeth;
Tyrr ei fin trwy fy enaid –
Lladd fy hoen mae poen heb baid.
Amser a gâr i ymson,
A dwyn ei friw dan y fron –

Cwyd i gof hen Atgofion
A ddwg i rudd ddagrau hon.
Ni rydd gwaith, na thaith, na thŷ
Inni galon i'w gelu.
Ni ddaw hedd heddiw a hwyl
Heb wenau'r wyneb annwyl.
'Ni ddaw i neb ddoe yn ôl,'
'A du fyd yw'r Dyfodol'
Yw iaith Hiraeth, a oera
Fyd i gyd. O! ofid gaf!
Allwynig, ac ysig wyf.
Annedwydd hunan ydwyf;
Myn Hiraeth o'm mewn aros
I droi 'nydd i nudd a nos!
Er hyn oll, a Nêr yn hy'
Af i arwedd yfory –
'Daw gras a hud o'i Groes Ef,'
A hud f'enaid i fyw-nef.

Ar achlysur cyhoeddi Eisteddfod Môn, Cemaes, 1970. (Mai 10, 1969.)

I Gemaes, yn ddigamwedd – y daethom
  O deithio'n ddirysedd,
  A diarswyd i Orsedd
  Y Beirdd hardd o buraidd hedd.

Ym min y môr, man orau – cawn y Cylch
  Cu a'n cân a'n tannau
  A'r haul yn rhoi 'i olau
  Ar y Gwir, heria y gau.

Ei chorn sy'n utgornio
Inni hedd â'i ynni o –
A'i Chledd cain – yn ei wain o,
O hyd erys heb daro,

A bywiol lwydd ei bloeddiau
Ymoesa fyth yng Nghemaes fau.

Mae Cemaes yn faes na fynn
Yno i'w Gŵyl un gelyn.

Bu mawrion yr Iôn o'i ras
Yma'n arwyr mwyn eirias;
Ac eraill, a hwy'n gewri
Ddeuai i'n Gŵyl a'i hwyl hi.

Ac yn awr y mae mawrion
I'w gweled, o un galon
Yn y fro, yn fri o hyd
Yn rym hael â mawr olud;
A chael eu dawn a wnawn ni
Yn galonnog eleni.

A chawn bwyllgor rhagorol
Yma o rym, a dim ar ôl.
Ei Lywydd sy' ddedwydd ddoeth,
Ac hefyd, un o gyfoeth
A wylia'r pwrs â'i sgwrs gall
Yn dda i wybod yn ddiball.

A 'Sgrifennydd' fydd i'w faes
Heb gymar byw i Gemaes –
Ein Emlyn John – mae o'n fwy
Goleuedig weladwy!

A chawn ddigon o ddoniau
Yn y cylch, yn ddi-nacáu.
Wel, bydded llŵydd drwy'r flwyddyn
A'r ŵyl wiw yr orau un.

Storm ym Mhentraeth – cŵyn, cynnen a streic

Ym Mhentraeth y cynhaliwyd Eisteddfod Môn, 1963 ac nid oes amheuaeth nad oedd y Derwydd Gweinyddol wedi hen edrych ymlaen at ddychwelyd i'w henfro i weinyddu seremonïau'r Orsedd. Onid oedd o, union flwyddyn ynghynt, ar achlysur cyhoeddi Eisteddfod 1963 wedi llunio cywydd moliant hirfaith dan y teitl 'Rhai o feirwon anfarwol Pentraeth' i glodfori'r ardal a'i harwyr; ac yn ôl yr arfer fe'i cyhoeddwyd yn *Herald Môn.*

Mae'n wir bod Ynys Môn wedi gwisgo ei dillad gorau i groesawu ei phrifwyl y flwyddyn honno. Caed haul tanbaid gydol yr adeg a'r babell, chwedl sylwebydd, 'wedi mynnu llecyn tlws yng nghesail bryniau a phantiau Pentraeth, a pherthi aur o eithin yn addurno'r olygfa.'

Ond aeth pethau o chwith o'r cychwyn cyntaf. Am y tro cyntaf o fewn cof nid oedd telyn yn seremoni agor yr Orsedd ar y bore Sadwrn a bu'n rhaid i gyflwynydd yr Aberthged ddod ymlaen mewn distawrwydd. Roedd hynny yn achos cryn ofid i'r Derwydd Gweinyddol er na rwystrwyd mohono, mewn dau englyn o gyfarchiad agoriadol, rhag edrych ymlaen yn hyderus at ŵyl lwyddiannus:

I Bentraeth, daeth y dydd – i brofi
    Y Brifwyl yn ddedwydd;
    Ac yng nghyffes 'hanesydd'
    Un yn fwy na hon ni fydd.

Ym Mhentraeth, helaeth heulwen – loywo'r ŵyl
   Ar ei hyd i'w diben;
A chŵyn ni chawn na chynnen
Ry' friw o'i hôl i'r fro hon.

Eithr cŵyn a chynnen a gaed! Manteisiodd un Bedwyr Lewis
Jones ar y cyfle, mewn anerchiad grymus a gogleisiol, i sôn
yn ystod yr ŵyl am 'yr ychydig bethau sydd wedi fy nghorddi
yn y byd llenyddol'. Bwriodd ati'n danllyd i ymosod ar yr
Orsedd – 'lol botes maip yw sôn am hen Orseddau,'
pwysleisiodd, 'dyfeisgarwch yn unig yw.'

Ond gadawer i'r *Daily Post* ar gyfer bore Llun, Mehefin 3,
1963 adrodd yr hanes:

*YOUNG SCHOLAR'S REMARKS SPARK PENTRAETH
ROW*

*A large audience watched the colourful crowning
ceremony at the Anglesey Chair Eisteddfod at Pentraeth
on Saturday, unaware of the tension behind the scenes
which had nearly ruined the proceedings. Six members
of the Gorsedd boycotted the ceremony in protest over
remarks made earlier in the day by two young Welsh
scholars when opening a discussion in the Pabell Lên.*

*The row was sparked off by Mr Bedwyr Lewis Jones, a
lecturer in the Welsh Department, University College,
Bangor, and a research student in the same Department,
Mr Dafydd Glyn Jones of Carmel.*

*Mr Bedwyr Lewis Jones, son of Alderman Percy
Ogwen Jones, criticised the continuing tendency to
propagate the falacies about the antiquity of Bardic
Circles. This was particularly distressing, he said, when
one remembered that only three months had elapsed
since the passing of Professor G.J. Williams, the scholar
who had exposed the pretensions of the 19th century
antiquary, Iolo Morganwg, the real founder of the
present Gorseddau.*

Mr Dafydd Glyn Jones said that he was very much in favour of the Gorseddau, since in his view, they were a very effective gimmick!

Some members of the Gorsedd sought to defend the institution, but there was general agreement that such bodies should aim at greater efficiency and dignity in arranging and conducting ceremonials, leaving aside any claims to great antiquity, and concentrating on appreciating and discussing literature, thus becoming educated bodies.

Yr oedd y Llew wedi ei glwyfo yn nhŷ ei garedigion, yn arbennig felly wrth i rywun a alwai ei hun yn 'Selwyn' roi halen ar y briw mewn rhifyn o'r *Clorianydd* ymhen yr wythnos:

Cefais innau gip ar Orsedd Môn yn dychwelyd o'u cyfarfod 'yn wyneb haul llygad goleuni' fore Sadwrn. A siomedig oedd y darlun a gefais ohonynt a record gramaffon yn eu harwain o'u seiat ar y cylch meini.

Anffodus hefyd oedd y ffaith i fardd y goron, brynhawn Sadwrn, orfod codi ar ei draed heb i gorn gwlad alw arno ond efallai bod hynny'n well na cholli'r goron fel yn Amlwch! Codwyd sgwarnog dda yn y drafodaeth yn y Babell Lên a dylid yn sicr ystyried pwrpas yr Orsedd o ddifri. Os mai anrhydeddu beirdd cadeiriol a choronog prifwyl Môn yw ei phwrpas, popeth yn iawn, ond er mwyn y dyrfa ac yn enwedig er mwyn y bardd ei hunan, boed i hynny gael ei wneud yn drefnus ac yn urddasol. Gwelais gadeirio bardd lawer tro mewn eisteddfod fach gefn gwlad â llawer mwy o urddas nag a gafwyd ym Mhentraeth brynhawn Sadwrn.

Eithr mynnodd SYLWEBYDD achub ei gam yn rhifyn Mehefin 12, 1963:

Tawedog iawn fu'r Derwydd Gweinyddol eleni. Yr oedd yn barchus iawn o'i arswydus swydd. Ni chawsom gymeradwyaeth er inni weiddi 'HEDDWCH' nerth esgyrn ein pennau. Efallai i hogiau'r papurau newydd droi'r drol wrth sôn am ryw anghydfod . . . Wrth edrych ar yr Orsedd bnawn Llun, y gwrthwyneb hollol i streic oedd yno. Pa wahaniaeth beth ddywed hanes mewn gwirionedd? Ni ŵyr neb i sicrwydd am esgyrn Dewi Sant a Sant Pedr ond dal i'w mawrygu y mae'r pererinion. Na, ni ddylai yr 'Archdderwydd' wrando ar y bobl glyfar yma sy'n dilorni popeth heb gynnig dim yn eu lle. Fe edrychwn ymlaen am ddychweliad o'r hiwmor gwreiddiol sydd wedi llonni cymaint ar y dorf drwy'r blynyddoedd.

Mae'n ddiamau i eiriau SYLWEBYDD leddfu peth ar y gofid ond bellach roedd y pry' wedi dechrau ymddangos yn y pren.

Y Golygydd

Rhai o feirwon anfarwol Pentraeth

Y cywydd a ddarllenwyd gan Llew Llwydiarth oddi ar y maen llog yn Seremoni Cyhoeddi Eisteddfod Môn, Pentraeth (neu Lanfair Betws Geraint) Mai 12, 1962. Mae'r cywydd yn cyfeirio at nifer o enwogion y cylch.

Ger y traeth ym Mhentraeth Môn
Y mae hwyl am awelon,
A ddaw i fyd Eisteddfod,
Na fydd 'run o fudd ar ôl.
Yr Ŵyl Sirol, siriol sy'
Yma'n wyrthiol ymnerthu.

Goreugwyr 'amaethwyr Môn'
A'u dewis 'wartheg duon'
Yma in oedd yn mwynhau
O wawr i hwyr eu horiau
A'r 'Allor' yn agoryd
Rhyw fore braf ar eu bryd –
Hen gewri o ragorion
Byd amaeth ym Mhentraeth, Môn.

A llwyfan 'Meibion Llafur'
Yma gaed o emog wŷr
A'u 'doniau da' hynod oedd
Yn addurn i'w blynyddoedd.

Rhaid tewi ar enwi'r un
O'i dda dyrfa ddiderfyn
Rhag ofn y gall gwall i gof
A fai'n ing na fai'n angof.

Ceid gwŷr llên ac awen gu
Na rwystrir in eu rhestru –
Grace Thomas fel nofelydd
A wyddai'n deg iawn ei dydd.
Price Roberts – pris ar wybod
Roes i ni yn wers a nod,
A Phrif Glarc sir y siroedd –

Hwylus ŵr y Rhiwlas oedd,
Ac ef gaf i gof a'i gwn
Ei afaelgwn fyw helgwn.
Lewis Morris – di-rusio
Gofrestrydd ei ddydd oedd o;
Ac i'n rhif daw *Claud Vivian*,
A wnaeth lyfr yn ein hiaith lân;
A'r *Thesbiad*, wych ddilledydd,
A chawr 'llên a'r awen' rydd
A'i fab *John*, ffariar doniol,
A'i enw a'i rin ar ei ôl.
O naddu'r cynganeddion,
Mae eco mawr *Macwy Môn*
A'r bardd *Williams* am amser
Oedd yn y Bwlch â'i ddawn bêr,
A *Llwydiarth Môn* – union ŵr
O rinoedd yr awenwr.
Wele hefyd *Wil Ifan* –
Doethor o glod, teithiwr glân
A bardd byd heb arwydd bedd
Ar ei wersi i'r Orsedd.

Eto *Geraint* a garai
Yr iawn gerdd a'r awen gâi
A chawsom *Richard Thomas*
A'i ddoniau rhydd yn y Rhos.
Hir y cofir Cae Ifan,
Am wiw gyff *Leila Megane*;
Eto'n grand o'r Hen Bandy
Ifor yn fawr iawn a fu,
A chofiaf lan yr Afon
Am *Tom a Sarah*, mae sôn.
Tewi raid eto ar hyn
O rai oedd o wiw wreiddyn.

A glewion Genhadon Hedd
Yma wirient y Mawredd,
Ar fynwes Ebeneser
Magwyd rhai anwylai'u Nêr,
Yma mêl rôi *Homo Môn*
A'i fyw lais a'i felysion;
Ac *Ifans-Owen* ddenol
Na rôi le i unrhyw lol.
A *Pritchard*, gennad y Gwir,
Ac ef yn Nasareth gofir
A thrwy waith ffel nofelydd
Rhagorodd ar gewri'r dydd.
Byw iawn *Gyrn* o Bengarnedd,
Haedda barch a hedd y bedd.
Rhisiart Owen, ddiweniaith,
A 'Ffydd' ydoedd dydd ei daith;
A *John Owen*, gain gennad,
A luniai'i le yn y wlad;
William Roberts, bert sant byw
Sy'n y Gofres yn gyfryw
A *Mab* amlwg Beddwgan
Oedd un â Duw ynddo'n dân.

O uwch nerth, a chynorthwy
Ym Mhentraeth maent ar waith mwy.

Gallwn yn deg 'chwanegu
Rhai annwyl iawn o'r hen lu;
Ond o boeni dibennaf
A boed i'r Ŵyl hwyl a haf.

Mater ysgafnder mewn llenyddiaeth
(Ôl-nodiad i Eisteddfod Pentraeth)

Yr oedd yn arfer gan Orsedd Beirdd Ynys Môn, yn wir y mae'n draddodiad sy'n parhau hyd heddiw, i gynnal garwest flynyddol. Yn yr arwest a gynhaliwyd yn Llanfachraeth yng Ngorffennaf 1963, bu'r Gorseddogion yn trafod y gyfrol *Cyfansoddiadau a Beirniadaethau Eisteddfod Pentraeth*.

Roedd y goron y flwyddyn honno wedi ei hennill gan y Parchedig Gerallt Davies, Bangor am gasgliad o gerddi ysgafn ac nid yw'n syndod mai ysgafnder mewn llenyddiaeth oedd prif destun y trafod yn Llanfachraeth.

Bwriodd y Parch. J.D. Jones y cwch i'r dŵr drwy holi a ellid mewn difrif ystyried casgliad o gerddi ysgafn yn destun gosodedig addas ac a oedd y cyfryw bethau yn deilwng o anrhydedd y goron?

'Y mae mewn cyrraedd y gwerinwr syml i lunio pethau fel y rhain,' meddai, 'ac onid oes gagendor mawr rhyngddynt a phryddestau urddasol?'

Ymosod ar yr englyn digrif buddugol o eiddo Selwyn Griffith a wnaeth J.W. Llannerch-y-medd wedyn, hwnnw i'r 'Papur Lleol':

I bawb o'r werin bobl – rhy hen niws,
    Rhy hanesion plwyfol,
   A Mari sy'n ymorol
   Torri hwn yn doilet rôl.

Awgrymodd J.W. fod y fath beth yn mynd â'r Eisteddfod 'i'r gwaelodion'! Yn ychwanegol at hynny nid oedd yn ffeithiol gywir ac yr oedd y llinell 'A Mari sy'n ymorol' yn drawiad cyn hyned â Iolo Morganwg. 'Ni ddylesid ei brintio,' meddai.

Pwysleisiodd y Parchedig E. Maelor Jones fod angen 'gofal tu hwnt wrth osod testunau, yn enwedig rhai yn ymwneud ag ysgafnder, a allent esgor ar ormodiaith yn hytrach na chydbwysedd'.

Roedd agwedd y Parch. Huw Llewelyn Williams, golygydd y gyfrol, yn fwy cymhedrol. Taerodd ef mai drwg fyddai gollwng yr englyn digrif o gyfrol y Cyfansoddiadau am y buasai hynny yn 'codi rhyw gywreinrwydd afiach' ymhlith pobl. Eto i gyd, ni theimlai ddarfod i fardd y goron y flwyddyn honno gymryd golwg digon eang ar ei destun, ond pwysleisiodd fod yn rhaid ystyried cerddi digrif o ddifrif er achub llawer ohonynt 'o'r llofft stabal i'r Babell Lên', ac oni ddylem, wedi'r cwbl, meddai, 'chwerthin am ein pennau ein hunain drwy gyfrwng dychangerddi?'

Handel Morgan, a hwnnw'n aelod ifanc, oedd yr unig un na welodd fai yn awdur y cerddi ysgafn. Canmolodd ef yr arbrawf:

'Hyfrydwch, fel awel ffres,' tystiodd, 'fu troi o hen rigol y Bryddest, lle cafwyd yn rhy aml gyfansoddiadau tywyll a chwbl farwaidd.'

Y Derwydd Gweinyddol fu'n gyfrifol am gloi'r drafodaeth. Dewisodd ef ymosod ar yr awdl fuddugol i ddechrau – 'Bryniau' – eiddo y Parch. Ellis Aethwy Jones, Llundain. Cyfeiriodd at feiau trwm ac ysgafn yn acenion yr awdl na chyfeiriwyd atynt gan y beirniaid swyddogol, John Evans ac Alun Llewelyn Williams! Roedd ynddi lawer gormod o englynion penfyr wedyn:

'Dylai nerth englyn fod ar ei ddiwedd,' pwysleisiodd yn oraclaidd gan ychwanegu, 'ond y mae'r mesur hwn fel cynffon milgi.'

Yna aeth ati i ymosod ar rai pwyllgorau lleol am y duedd beryglus oedd ynddynt i 'arloesi' wrth osod testunau, ac yna'n swta, ond â chryn ddirmyg, mynegodd syndod bod enillydd y goron ym Mhentraeth, y Parchedig Gerallt Davies, erioed 'wedi canu fel hyn'.

A dyna'r Llew fel gwarchodwr safonau – ac erbyn hynny wedi hen anghofio am gerydd Bedwyr – yn rhoi ergyd farwol, anatgyfodadwy am genedlaethau, fe obeithiai, i'r cancr peryglus, yr ysgafnder cwbl ddi-alw-amdano hwnnw a allai dreiddio i weithgareddau Eisteddfod Môn nes ei heintio a'i difwyno'n llwyr!

Y Golygydd

Yn fardd – yn ei arch

Y cof cyntaf sydd gen i, fel llawer un arall mae'n debyg, yw'r cof amdano'n eistedd yn sêt fawr Jerusalem yng Nghymanfa Blant Dosbarth Llannerch-y-medd. Y gŵr nerthol o gorffolaeth a ddenai sylw pawb, siŵr gen i. Ninnau wrth edrych arno yn ei weld – o ran gwallt beth bynnag – yr un ffunud â Lloyd George. Ond ychydig a feddyliais ar y pryd y cawn y fraint o dreulio cymaint o amser yn ei gwmni yn y blynyddoedd i ddod – mewn gwahanol gyfarfodydd cyhoeddus, mewn angladdau a phwyllgorau, a hefyd yn y Cyngor Sir.

Fe'm bwriodd i'r pen dwfn mewn Cyfarfod Ysgol yn y Capel Mawr yn Amlwch un tro. Arferid cynnal cyfarfod i'r cynrychiolwyr o flaen y cyfarfod cyhoeddus fel rheol, i drafod pob mathau o faterion ac i benderfynu pwy fyddai'n cymryd y rhannau arweiniol yn ystod y prynhawn a'r hwyr. Cynigiodd Llew Llwydiarth fy mod i i ddechrau cyfarfod yr hwyr. Protestiais innau'n huawdl gan gyfeirio at fy niffyg profiad mewn gwaith o'r fath. Ond torrodd ar fy nhraws yn swta gan annog y llywydd,

'Ewch i'r eitem nesa . . . ac fe gaiff Albert Owen ddechra heno.' Doedd dim dewis!

A phan ddaeth fy nhro teimlwn yn rhyfedd o nerfus ac fe gychwynnais fy ngweddi gyda'r geiriau,

'Ni fethodd gweddi daer erioed
Â chyrraedd hyd y nef . . . ' gan stryffaglio 'mlaen wedyn, orau gallwn i.

Ond doedd dim canmoliaeth i'w chael wedi imi dorri'r garw. Wrth imi fynd â fo adref yn y car y noson honno cefais fy ngheryddu'n llym ganddo am fynd o'i chwmpas hi yn y dull anghywir.

'Paid, ar boen dy fywyd,' meddai, 'â chychwyn dy weddi fel yna eto. Onid ydi Iesu Grist wedi'n dysgu ni'n union sut i gyfarch wrth Orsedd Gras: "Pan weddiech, dywedwch Ein Tad yr hwn sydd yn y nefoedd . . . " Dyna'r ffordd y mae O wedi'n dysgu ni, a chofia ditha wneud hynny y tro nesa.'

Roedd ei berfformiadau wrth holi'r oedolion yn y Cyfarfodydd Ysgolion yn rhai cofiadwy bob amser. Gallai fod yn ddifyr ac adeiladol canys byddai wedi paratoi a gwneud ei waith cartref yn drwyadl. Mantais ychwanegol oedd ei fod yn adnabod ei bobl ac os teimlai ambell dro fod pethau'n mynd yn fflat, rhoddai fonllef dros bob man i ddeffro'r gynulleidfa a pheri iddi ferwi tipyn.

Yr un modd wrth iddo arwain y Gylchwyl. Bûm yn ysgrifennydd Cylchwyl Ysgolion Sul y Dosbarth am flynyddoedd a chafwyd sawl perl ganddo yn y cyfarfodydd rheiny heb sôn am ambell ddigwyddiad trwstan.

Roedd o'n arwain rhyw noson a'r diweddar actor Glyn Williams, Pen-sarn yn cystadlu ar y prif adroddiad. Am fod Glyn yn byw ar fferm Glanrafon, Pen-sarn, yr oedd yn naturiol iddo ddefnyddio y ffugenw G.G. (Eg. Eg!) ar gyfer y gystadleuaeth. Cyflwynais innau y papur gyda'r ffugenw arno i'r arweinydd er mwyn iddo alw'r cystadleuydd i'r llwyfan i adrodd. Do, fe alwodd y Llew arno, gan ynganu y llythrennau yn Saesneg a gwahodd 'Gee Gee' i'r llwyfan! Ond ni chaed ateb, tra bod y Llew yn dal i alw, gyda chryn daerineb, ar i 'Gee Gee' ddod ymlaen! Toc fe'i mentrodd Glyn hi gan gerdded i'r llwyfan i gyfeiliant chwerthin harti o bob cyfeiriad yn y gynulleidfa, er bod pawb beth yn siomedig mai bod dynol, wedi'r cwbl, yn hytrach na cheffyl, oedd i gystadlu ar y prif adroddiad y noson honno.

Fel rhan o raglen y Seiat Ddosbarth cynhelid Seiat Rydd, fel y'i gelwid, yng Nghapel Mawr y Llan bob ryw ddwy flynedd. Yn amlach na pheidio, arno ef y syrthiai'r cyfrifoldeb o arwain y seiat honno. Byddai Mam yn ffyddlon ym mhob oedfa, yn arbennig yng nghyfarfodydd yr wythnos, y seiat a'r cyfarfod gweddi. (Y 'Moddion' chwedl ninnau bryd hynny.) Ond ni chymerai Mam y deyrnas am ddweud yr un dim yn gyhoeddus chwaith, roedd hi'n llawer rhy swil. Eto i gyd, gallai Llew Llwydiarth, wrth fynd o gwmpas y Seiat Rydd, hyd yn oed ei thynnu hi o'i chragen. Yr unig eglurhad y gallwn i feddwl amdano oedd iddi golli fy mrawd yn ddim ond chwech ar hugain oed ac yntau eisoes yn enillydd chwech o gadeiriau eisteddfodol ac yn aelod o Orsedd Beirdd Môn. Oherwydd y cysylltiad hwnnw, yr oedd hi'n medru ymateb i unrhyw gymhelliad o eiddo'r Llew. Ond beth bynnag oedd y rheswm roedd ganddi gryn feddwl ohono.

Cyrchai'r Llew i bob angladd a phob tro y byddai'r gladdedigaeth yng Ngharmel mynnai gymryd rhan yn y gwasanaeth. Cynhaliwyd cymaint â thri o fewn ychydig iawn i'w gilydd unwaith, yntau wedi bod yn traethu ymhob un o'r tri. Pan ofynnwyd iddo ddweud gair yn yr olaf ffugiodd ochenaid lesg,

'Wel, fy mhobol i, mae'r gwaith yma wedi dod i'm rhan i yn aml yn ddiweddar, yn rhy aml gyfeillion. Yr hyn sy'n dod i fy meddwl i yw profiad yr emynydd, "Mae 'nghyfeillion adre'n myned, o fy mlaen o un i un . . . " Does gynnon ni waith diolch deudwch ffrindiau, mai fesul un y maent yn ein gadael ac nid gyda'i gilydd, neu mi fasa'n brysurach byth arnon ni.'

Digwyddai angladd arall gael ei gynnal ym mynwent capel Carmel ar fore Primin Môn. Roedd cynnal angladd yn y bore yn beth digon anghyffredin ar y pryd ac er hwylustod yn unig y'i cynhaliwyd yn y bore y diwrnod hwnnw, i alluogi'r ffermwyr i fynd i'r primin yn y prynhawn. Fe'i gwelaf y funud yma ar lan y bedd yn offrymu gweddi, a chyda'r llais treiddgar hwnnw yn cyfarch ei Waredwr,

'Rydan *ni* yn medru eu claddu nhw Arglwydd Mawr, ond does neb ond tydi all 'u *codi* nhw.'

Ymhen blynyddoedd wedyn bu imi ei atgoffa o'r weddi honno, gan daflu ei eiriau ei hun yn ôl ato, fel petai. Craffodd arna' i'n gegrwth cyn ateb,

'Oni bai dy fod yn deud mai fi ddywedodd hynna, mi faswn i'n taeru mai dyna un o'r petha gyda'r gora a glywais i erioed!'

Wrth gyd-gerdded ag ef o wasanaeth angladdol yn un o eglwysi Môn ac yntau newydd fynd drwy'r Bennod Gladdu, fe'i llongyferchais am ei ddarlleniad. Roedd o wedi ei blesio'n fawr â'r ganmoliaeth – er nad oedd y peth yn peri unrhyw syndod iddo y tro hwnnw chwaith. Onid oedd John Williams Hughes, y gohebydd o Farian-glas a fyddai'n anfon ysgrifau wythnosol o bedwar ban byd i *Herald Môn* wedi tystio na chlywodd yntau chwaith, hyd yn oed yn y Mericia, neb tebyg iddo am ddarllen mewn angladd?

Byddai wrth ei fodd yn cael ei ganmol. Ond onid ydym ni oll yn barotach i dderbyn canmoliaeth na chael ein beirniadu a'n dwrdio? Mae'r peth yn reddfol mewn dyn ac anifail fel ei gilydd.

Cefais wahoddiad i gyd-feirniadu'r gwaith coed yn Eisteddfod Môn, Bodffordd yn 1967 gydag un o grefftwyr gorau Cymru ar y pryd – y diweddar Griffith Williams. Un o'r cystadlaethau oedd gwneud model o ferfa. Doedd dim ond un wedi cystadlu ac fe ddyfarnwyd ei fod yn llwyr deilyngu'r wobr.

Wedi'r oedfa yng nghapel Carmel y bore Sul dilynol cafodd y Llew air efo Llywydd y Mis gan ei atgoffa bod un o'r aelodau, gŵr a oedd bob amser mor barod ei gymwynas yn y capel, sef John Owen, Tan-y-Bryn, wedi cael gwobr ym Modffordd am wneud berfa ac mai purion beth fyddai iddynt ei longyfarch yn y seiat y noson honno. Ond pan oedd ar fin gadael y sêt fawr, trodd Llew yn ôl at ei gyd-flaenor gan ddweud,

'Ac os wyt ti'n dymuno fe fydd can croeso iti ddweud gair yn fyr amdana' inna hefyd – am fy mod wedi cael y wobr gynta am y cywydd yn yr un eisteddfod.'

A dyna sut y terfynwyd y seiat yng Ngharmel y nos Sul hwnnw – drwy longyfarch dau o'r aelodau, y naill am ennill efo berfa a'r llall â chywydd coffa yn Eisteddfod Bodffordd.

Mynnai'r un elfen ddod i'r amlwg dro ar ôl tro. Cwrddais ag o ar y stryd yn y Llan 'ma un bore. Wedi cyfarch gwell a chael sgwrs fach â'n gilydd holodd a oeddwn wedi gweld *Yr Herald* yr wythnos honno. Atebais fy mod ond nad oeddwn wedi cael amser i'w ddarllen yn fanwl a chan sylweddoli ar yr un pryd mai math o *loaded question* oedd ymholiad y Llew. Holais a oedd yna beth o'i waith o yn y rhifyn dan sylw. Atebodd yntau'n gadarnhaol yn syth gan ddweud bod ganddo gywydd croeso i Eisteddfod Môn, Porthaethwy ynddo. Prysurais innau i gymryd yn ganiataol ei fod yn gywydd da! Atebodd yntau,

'Mi rydw *i* yn deud ei fod yn un da, ond mae pobol eraill yn deud ei fod o yn un gorchestol!'

Ychydig ddyddiau cyn pob Nadolig deuai y Llew acw efo cerdyn arbennig gydag englyn o'i waith ei hun yn argraffedig arno. Wrth ei gyflwyno byddai'n gofyn fy marn ar yr englyn dan sylw. Dywedwn innau, 'campus' bob tro, er nad oeddwn â'r gallu i'w feirniadu chwaith! Ychwanegais un tro fy mod yn methu'n glir â deall sut yr oedd yn llwyddo i daro ar syniad newydd mor rheolaidd bob blwyddyn. Yr ateb a gefais oedd,

'Rwyt ti'n iawn 'machgian i, yn llygad dy le, dydw i ddim yn gwybod fy hun wel'di.'

Dyma un o'r englynion rheiny:

Nadolig 1970 (Dymuniad da)

Â mi yn hen, yn mwynhau – yr hen ŵyl
    A'r Iôn yn ei wenau;
  Dim o chwith, fo i chwithau
  I lywio'i hwyl, na'i leihau.

A dyma sylw o eiddo fy nhad-yng-nghyfraith un nos Sul a minnau newydd fod yn gwrando ar Llew Llwydiarth yn pregethu ac yn tystio iddo gael hwyl arni.

'Roedd o'n dda iawn,' meddwn.

Yr ateb a gefais yn syth oedd,

'Welist ti hwnnw rioed yn gneud unrhyw beth nad oedd yn dda?'

Adroddais innau union eiriau fy nhad-yng-nghyfraith wrth y Llew rai dyddiau'n ddiweddarach, a daeth y wên hunanfoddhaus honno i'w wyneb cyn iddo ateb,

'Dywad wrtho 'mod i'n falch iawn o gael y ganmoliaeth ganddo fo o bawb, ac yntau yn un o bencampwyr ymrysonau aredig drwy Gymru benbaladr.'

Pa gymhwyster oedd bod yn bencampwr mewn rasus aredig i alluogi dyn i roi ei linyn mesur ar bregeth sy'n fater arall, ond roedd y stori'n fêl ar glustiau Llew a bu'n rhaid imi ei hailadrodd wrtho droeon!

Doedd rhai o laslanciau yr ardal ddim yn brin o chwarae triciau arno o bryd i'w gilydd. Gwyddent, er enghraifft, mai fo yn ddieithriad fyddai'n cymryd y rhannau arweiniol yn y cyfarfod gweddi bob nos Lun Diolchgarwch yng nghapel Carmel. Daeth un neu ddau o'r cybiau rheiny i gefn y capel efo gwn un tro ac yno y buont yn clustfeinio'n astud tan ryw bum munud ar ôl i'r gynulleidfa ganu'r ail emyn. Gwyddent erbyn hynny fod y gweddïwr wedi hen ddechrau tynnu ar raffau'r addewidion a'r hyn a wnaethant oedd tanio ergyd i'r awyr nes ei bod yn diasbedain dros bob man. Roedd hynny'n ddigon i gynhyrfu'r cyn-gipar yn lân loyw a pheri iddo dybio bod potsiars yr ardal wedi manteisio ar yr achlysur i fynd ynglŷn â'u perwyl dieflig!

Rhyddfrydwr brwd oedd o, o ran argyhoeddiad gwleidyddol. Cefnogwr ffyddlon, fel llawer o bobl Môn bryd hynny, i Megan Lloyd George. Dyna'r cyfnod pan fyddai cyfarfodydd cyhoeddus cyn unrhyw etholiad seneddol yn boblogaidd ac yn gallu bod yn gynulliadau rhyfeddol o gynhyrfus.

Cofiaf un yn arbennig a gynhaliwyd yn y Llan 'ma – gyda'r Llwydiarth yn llywyddu. Yr adeg honno arferai'r pleidiau logi y plismon lleol i ddod i'r neuadd i sicrhau na fyddai cynnwrf o fath yn y byd yn codi, yn enwedig o gofio bod y tafarnau'n cau oddeutu naw o'r gloch a rhyw ddyrnaid yn tueddu i gyrchu i gyfarfodydd o'r fath i heclo.

Pan oedd yr Ymgeisydd Seneddol ar ganol traethu y noson honno dechreuodd un o'r heclwyr fynd dros ben llestri. Cododd y Llew o'i gadair. Archodd i'r Ymgeisydd aros ennyd ac yna galwodd ar uchaf ei lais ar y plismon a safai yn y cefn, gan ddweud,

'Ewch â'r ynfytyn yna adre os gwelwch yn dda er mwyn i'n siaradwr ni gael heddwch i fynd yn ei flaen.' A'r aflonyddwr yn gweiddi ar ei draws yn bowld,

'Raid i chi ddim poeni; mi a' i adra fy hun achos mi fûm oddi cartra yn cwffio dros fy ngwlad pan oeddat ti adra yn gwneud fawr ddim amgenach na thrio dal llygod mawr.'

Doedd gan y Llew, a fu ar un cyfnod yn erlidiwr llygod, ddim ateb y noson honno.

Ond pa farn bynnag a fynegir, boed amdano fel beirniad adrodd neu arweinydd cylchwyl, fel blaenor neu bregethwr cynorthwyol, fel cynghorydd sirol neu dderwydd gwein-yddol, ac nid oes amheuaeth nad yw'r farn honno yn amrywio, fe wn i un peth – ei bod yn amhosibl i ddyn fod yn ei gwmni yn hir heb dderbyn rhywbeth o leiaf a fuasai'n cyfoethogi rhyw gymaint ar ei brofiad a'i wybodaeth. Fe gefais i fwy o gyfle na'r rhelyw i rannu cymdeithas ag ef a gallaf ddatgan â'm llaw ar fy nghalon na ddychwelais adref erioed yn gwbl waglaw ar ôl bod yn ei gwmni.

Tua hanner awr wedi deg, noswyl Nadolig 1972 oedd hi a'r wraig a minnau'n eistedd o boptu'r tân pan ganodd cloch y ffôn. Codais i'w ateb. Tecwyn Thomas, un o gymdogion Llew oedd ar y pen arall gyda'r newydd ei fod wedi'n gadael ac yn fy ngwahodd, ar ran y teulu, i fynd draw i Arosfa i wneud trefniadau'r angladd. Wrth imi fynd yno yn y car daeth llawer atgof i'm meddwl am y troeon a dreuliais yn ei gwmni. Wedi cyrraedd a chydymdeimlo cefais fy nhywys i'r ystafell wely lle daeth ei gŵys i'w therfyn. Cofiwn fel yr arferai alw, 'A oes heddwch?' wrth weinyddu seremonïau'r Orsedd ac wrth edrych ar ei gorff llonydd sylweddolais ei fod bellach wedi cael ateb i'w gwestiwn a bod hedd, perffaith hedd, i'w gael.

Dychwelais i'r gegin i gwblhau'r trefniadau gan ddweud y byddwn yno gyda'r arch oddeutu pedwar o'r gloch y diwrnod canlynol. Pan gyrhaeddais yno drannoeth daeth Mrs Soffi Roberts i'm cyfarfod â regalia Gorsedd y Beirdd yn ei breichiau. Eglurodd nad oedd angen yr amdo y daethwn â hi i'm canlyn ac y carai i'w hewythr gael ei wisg farddol amdano yn ei arch.

'Mae o wedi byw fel bardd ac mi gaiff farw fel bardd hefyd,' meddai.

Cafodd ei dymuniad a chefais innau y profiad, am yr unig dro yn fy mywyd, o fod yn feistr y gwisgoedd i un o gewri Gorsedd Beirdd Ynys Môn!

Ddydd yr angladd cynhaliwyd gwasanaeth yng nghapel Carmel cyn inni wedyn ei hebrwng i fynwent eglwys Penmynydd lle'i rhoddwyd i orffwyso gyda'i briod a oedd wedi ei ragflaenu ers rhai blynyddoedd.

Y mae cerdd goffa y Prifardd o Dŷ Pigyn, a gyhoeddwyd yn *Herald Môn* rai dyddiau'n ddiweddarach, yn dweud y cyfan:

> Y Llew yn arwain yr Orsedd
> i lwyfan Prifwyl Sir Fôn,
> Y Llew llawn urddas gynt ar y blaen
> ag awdurdod yn ei dôn.
>
> Heddiw gorymdaith o Garmel,
> ac ar wyneb pob un, parch,
> Y Llew o hyd yn dal ar y blaen
> yn ei arch, yn ei arch.

Albert Owen

Yn ei anterth yn neinti

Fuasai neb yn synnu, mae'n debyg, fy nghlywed i yn cyfaddef bod gen i ofn llew. Mae pawb call, ddyliwn, yn ofni llewod! Pethau i'w hofni ydyn nhw. Mae eu golwg nhw yn codi ofn ar rywun. Mae eu hosgo brenhinol yn codi nerfusrwydd ar ddyn ac yn fwy na dim mae eu clywed yn rhuo yn brofiad brawychus a dweud y lleiaf. Pan ddeuai'r syrcas a'r sŵ fach i'w chanlyn i gae Robat Huws, Drud, yn Llannerch-y-medd ers talwm yr oeddwn i'n eitha parod i fynd i edrych ar yr eliffantod, y mwncïod a'r eirth, ond y funud y bydden nhw'n dweud, 'Mae 'na lew draw yn fan'cw, tyrd i'w weld o,' mae arna' i ofn mai ei bachu hi am y giât y byddwn i. A dydw i hyd heddiw ddim wedi newid fy safbwynt. Llew yw llew, wedi'r cwbl!

A dyna pam, mae'n bur debyg, yr oeddwn i'n teimlo ryw barchedig ofn tuag at y Llew deudroed hwnnw oedd yn byw yng Ngharmel, Llannerch-y-medd – Llew Llwydiarth. Ond ni fu'n gas efo fi gymaint ag unwaith. Bu'n tu hwnt o glên a charedig efo fi erioed a dweud y gwir. Ond i mi, llew oedd o! Roedd ganddo safiad llew. Roedd ganddo osgo brenhinol llew ac yn bendifaddau gallai ruo yn uwch na'r un llew pedair coes a welswn ac a glywswn erioed.

Am wn i, y tro cyntaf erioed imi'i weld o oedd ar ddiwrnod sêl yn y Llan rywbryd ynghanol y tridegau a minnau ar fy ffordd i'r ysgol fach. Roedd 'na ddwy sêl yn cael eu cynnal yn y pentref bryd hynny – Sêl McKenzie a Sêl R.G. Jones ac fe fyddai'r Llew yn cyrchu i'r ddwy. Cawr o ddyn cadarn, unionsyth, yn dweud rhyw air tadol wrth hwn a'r llall ar ei ffordd yno.

Ei weld o wedyn mewn Cymanfa Blant yn y Capel Mawr. Yng nghyfarfod yr hwyr y byddai o yn gwneud ei gyfraniad fel arfer, yn gwrando ac yn holi gan gymryd diddordeb mwy na'r cyffredin ym mhlant ei gapel ei hun yng Ngharmel. Fe fyddai rhyw dawelwch disgwylgar yn disgyn ar y gymanfa pan agorai ei enau i ddweud ei ddweud. Roedden ni'r plant, wrth reswm, yn credu bod Llew Llwydiarth yn ddyn arbennig iawn. Doeddem ni ddim ymhell o'n lle chwaith, a'r Llew ei hun fyddai'r cyntaf i gytuno â ni!

Yna'r Gylchwyl. Arferai ddysgu plant a phobl ifanc i adrodd ac fe allech weld stamp y meistr ar berfformiadau ei ddisgyblion, er mai prin y byddai llawer o groeso i'w steil ar lwyfannau eisteddfodol heddiw chwaith. Eithr fel arbenigwr yn ei faes ar y pryd câi ei wahodd yn rheolaidd i feirniadu'r adrodd yn y gwyliau cystadleuol hynny. Doedd dim gwobrau ariannol i'w cael mae'n wir, dim ond marciau, ond roedd pawb o ddifrif. A doedd neb yn fwy o ddifrif na'r Llew ei hun.

Yn ogystal â'r dyn capel roedd o'n dipyn o wleidydd hefyd. Bu'n aelod uchel ei barch o Gyngor Sir Môn o 1946 i 1972. Yn wir, cyn y diwedd roedd wedi ei ddyrchafu'n henadur. Nid ei fod o'n greadur cecrus, swnllyd yn y cyfarfodydd cofier, ond doedd o ddim yn brin o gyfraniad pan ddeuai'r galw am hynny. Yn amlach na pheidio byddai pesychiad gyddfol y Llwydiarth yn ddigon i roi taw ar ambell gynghorydd herciog a fyddai'n cael trafferth i roi brawddeg synhwyrol wrth ei gilydd.

Mae un digwyddiad yn crisialu'i ddawn i roi caead ar biser yn well na'r un arall rwy'n tybio. Roedd y Cyngor yn cyfarfod i benodi Swyddog Iechyd newydd ac yr oedd un enw – meddyg ifanc disglair – yn cael ei argymell gan yr Is-bwyllgor Iechyd a oedd wedi cyfarfod yn y bore. Roedd cadeirydd y pwyllgor hwnnw wedi mynd â'r meddyg am ginio mewn gwesty yn Llangefni cyn cyfarfod y Cyngor Sir llawn yn y prynhawn. Fe welwyd y ddau yn bwyta gan gynghorydd arall a chyn mynd ati i benodi mynnodd hwnnw holi pa hawl oedd gan gadeirydd i ddefnyddio arian trethdalwyr i roi cinio i ymgeisydd am swydd? Gyda'r meddyg yn gwrando aeth y mater yn destun ffraeo a checru. Ymhen hir a hwyr daeth hi'n amlwg y byddai'n rhaid gohirio'r penodiad, ond dyma'r Llew yn pesychu. Tawelodd y stŵr. Cododd ar ei draed a gweiddi ar dop ei lais,

'Gadwch inni fynd ymlaen i holi'r bachgen ifanc. Eisiau gwybod be sy'n 'i ben o rydw i, nid be sy'n 'i fol o!' Ac felly y bu hi.

Blaenor, beirniad a chynghorydd – roedd Llew Llwydiarth yn giamstar yn y tri maes. Roedd o'n ffarmwr gloyw iawn hefyd, yn arddwr arbennig o gaboledig a doedd neb gwell am gau adwy. Ond wedi dweud hynny does dim dadl mai fel bardd cynganeddol y carai fod wedi dod i'r brig. Cyfrannodd yn helaeth at swm, beth bynnag am sylwedd, y canu caeth Cymraeg. Am ddegawdau bu'n cyfrannu ei dalent i dudalennau'r *Clorianydd*. Bardd y mesur byr oedd o gan amlaf. Yr englyn oedd ei hoff gyfrwng a byddai'n troi ei law at amrywiol destunau. Weithiau, byddai'r tywydd yn ddigon i gynhyrfu ei awen finiog. Roedd mis Ebrill 1950, er enghraifft, yn ddigon oer i ysbrydoli'r cyfraniad cofiadwy hwn:

> O! mae'n oer! Y mae'n eira – a'r awel
> Yn rhewi i'r eitha';
> Mis Ebrill mwy a sobra
> Obaith dyn am bethau da.

Ac fel dyn y tir roedd ei awen yn cael ei chyffroi gan bethau tlws ac annisgwyl fel 'Y Clagwydd Unig'. Dyma esiampl o'i grynoder sylwgar wrth iddo edrych ar y pererin hwnnw:

> Clywaf glegar claf glagwydd – a'i solo
> Sâl sy' yn fawr dramgwydd,
> Ond ei nodyn annedwydd
> Yw prid reddf priod yr ŵydd.

A dyma sut y disgrifiodd 'Ganiad y Ceiliog':

> Clyw gân y ceiliog inni – mor fore
> Mae 'i arferiad ynddi
> Ei larwm godai Lowri
> A'i hoes hen i'w heisiau hi.

Prin y gallai neb ddadlau nad oedd o'n feistr ar y canu cynganeddol tywyllaf posibl. Onid yw y llinell 'Ei larwm godai Lowri' yn llawn symboliaeth awenyddol sy' mor brin bellach yn ein canu caeth modern?

Enghraifft arall o'i allu i droi ei law at bob math o destunau oedd ei ddawn i ymdrin â gwleidyddiaeth y cyfnod yn ddeallus mewn englynion. Cymerer yr un sy'n cyfeirio at ymweliad y Prif Weinidog, Clement Atlee â'r Arlywydd Harry S. Truman yn Washington:

Hediad y Prif Weinidog

> Fry yn nwyfre yn hofran – hyotledd
> Atlee glywir weithian;
> Am air doeth y mae ar dân
> Yn tramwy i weld Truman.

Y fath linell yw'r un agoriadol – 'Fry yn nwyfre yn hofran!' Mae popeth oedd i'w ddweud wedi ei ddweud yma. Dim ond bardd o'r iawn ryw allai saernïo'r fath berffeithrwydd caboledig.

Mae'r un math o ddeallusrwydd ac o amgyffrediad gwleidyddol i'w ganfod yn ei englyn coffa i David Lloyd George, Iarll Dwyfor. A ddywedwyd undim mwy cofiadwy gan Lloyd George ei hun? Go brin ddywedwn i. Sylwer yn arbennig ar geinder ymadrodd y drydedd llinell:

Y Diweddar Iarll Dwyfor

> Ymerawdwr mawr ydoedd – o feddwl
> Ac o foddion cyhoedd,
> Cymro iawn – gem o rinwedd,
> Mwya'r byd am wireb oedd.

Ac nid bardd yn trafod y mawrion gwleidyddol yn unig ydoedd. Roedd o hefyd â'i draed yn solet ar ddaear ei fro. Y mae'r englyn coffa a anfonodd i'r *Clorianydd* yn dilyn marwolaeth hen ewyrth diaddysg yn brawf digamsyniol na chollodd o erioed gysylltiad â gwerin gwlad:

Beddargraff Rowlant Rowlands
(bu farw Medi 1950)

Ti Rowlant, Iôr a alwodd – ato'i Hun;
    Iti hedd a roddodd,
    Yn dy enaid adwaenodd
    Aberth ei Fab wrth ei fodd.

Mae'r ychydig enghreifftiau a nodwyd, gredaf i, yn brawf eithaf pendant fod y Llew yn cymryd ei farddoni o ddifrif.

Ei broblem fawr oedd y ffaith nad oedd y pwysigion ym myd yr awen fel pe'n cytuno ag ef! Y gwir plaen yw na chafodd o erioed ei dderbyn fel bardd gan y rhai oedd yn cyfrif. Nid bod hynny yn ei boeni yn ormodol chwaith canys roedd ganddo ef rywbeth nad oedd yn eiddo iddynt hwy nac yn eiddo i'r un o brifeirdd pwysicaf Cymru; roedd ganddo ef, yn wir bu ganddo am ddegawdau, ei Orsedd ei hun – Gorsedd Beirdd Ynys Môn!

Bu'n Dderwydd Gweinyddol am ddau gyfnod. Mae'r manylion am y cyfnod cyntaf yn bur niwlog, ond o 1948 i 1970 y fo oedd y bòs yng Ngorsedd Môn.

Yn ei farn o, hi oedd yr Orsedd wreiddiol – yr un go iawn.

Rydw i'n cofio mynd i'w weld o efo'r camerâu teledu rywbryd ynghanol y chwedegau. Ymwisgodd yn holl ysblander lifrai y Derwydd Gweinyddol a cherddodd drwy ganol ryw gae gwair inni gael lluniau trawiadol ohono cyn inni fynd ati wedyn i ffilmio'r cyfweliad. Yn ei ddull dihafal ei hun olrheiniodd darddiad Gorsedd Môn i gyfnod yr Hen Destament ac y mae'n rhaid imi gyfaddef nad oedd gen i'r wybodaeth, na'r dewrder, i fentro dadlau ag o. Yna aeth ymlaen i geisio profi i mi, y diniweityn ag yr oeddwn i (yn union fel ag y gwnaeth i Michael Bailey Hughes a William

R. Lewis), fod 'na Steddfod Môn wedi ei chynnal yn Llannerch-y-medd (neu Biwmares!) mor bell yn ôl â'r chweched ganrif ac mai Llywydd y Dydd bryd hynny oedd 'Y Cwîn o Rumania'! Roedd hi'n gwbl amlwg ei fod o'n credu yr hyn roedd o'n ei ddweud hefyd. Y peth pwysig, wrth gwrs, oedd fod Eisteddfod Môn yn hŷn na'r Eisteddfod Genedlaethol, a bod Gorsedd Beirdd Môn yn hŷn o lawer na Gorsedd Beirdd Ynys Prydain.

O dan arweiniad y Llew roedd Gorsedd Môn yn gasgliad unigryw o bobl. Mi allaf siarad o brofiad! Mi ge's y fraint o fod yn aelod fy hun. Anghofia' i fyth y diwrnod, ar ddiwedd y pedwardegau, pan gerddais i i mewn i'r cylch cyfrin. Gŵyl gyhoeddi Eisteddfod Brynsiencyn oedd hi a minnau'n dod wyneb yn wyneb â'r dyn mawr ei hun, y dyn yr oedd arna' i gymaint o'i ofn. Dydw i ddim yn cofio'r manylion, nac amdanaf fy hun yn cael fy arwain i mewn i'r cylch ac at y Maen Llog, ond mi gofiaf y derbyniad a gefais gan y Derwydd Gweinyddol:

'Beth fydd y bachgennyn hwn tybed?' taranodd cyn i'w law fawr ddisgyn ar fy nghorun gyda'r fath rym nes y bu imi bron â chwympo ar fy wyneb wrth ei draed. Fe gofiaf y swadan honno tra byddaf byw!

Mae'n rhaid imi gyfaddef na fûm i ddim yn syndod o deyrngar iddo ef na'r Orsedd serch hynny, yn bennaf, mae'n debyg, am fy mod yn clywed cymaint o wawdio'r criw oedd yn perfformio'n flynyddol o dan ei arweiniad. Mae'r straeon am gampau'r Orsedd yn lleng gyda'r Llew yn ei chanol hi bob tro. Gwir, er enghraifft, yw'r stori (y cyfeiriwyd ati eisoes gan J.O. Roberts) amdano mewn un eisteddfod wedi ymwisgo'n barod ar gyfer defod y coroni pan ddechreuodd ymglywed â'r alwad i fynd i'r tŷ bach. Yn hytrach na dadwisgo fe orfodwyd y swyddogion i aildrefnu'r rhaglen er mwyn cael gwared â'r seremoni'n syth a chyn i'r Derwydd Gweinyddol fyrstio yng nghefn y llwyfan! Ac wrth gwrs, defod fer iawn oedd defod y coroni y flwyddyn honno.

Ond does dim dwywaith mai fo oedd y giaffar o fewn

Cylch yr Orsedd. Feiddiai neb fynd yn groes iddo – ddim hyd yn oed Aelodau Seneddol! Roedd yr Arglwydd Cledwyn o Benrhos, neb llai, yn bresennol mewn seremoni gyhoeddi unwaith. Fe'i gwelwyd gan y Llew ac fe'i gwahoddwyd i mewn i'r cylch. Ufuddhaodd yntau ond wrth wneud hynny fe dorrodd un o'r rheolau. Yr hyn a wnaeth Cledwyn Hughes oedd camu dros y rhaff oedd yn llunio'r cylch gyda'r bwriad o gerdded i gyfeiriad y Maen Llog. Ond aeth o ddim ymhell iawn cyn i'r Derwydd Gweinyddol ruo,

'Allan! Allan! Does neb i ddod i Gylch yr Orsedd ond drwy'r Porth.' Ac yn ei ôl yn dinfain, fel hogyn drwg, yr aeth yr Aelod Seneddol cyn rhoi cynnig arni eilwaith – eithr drwy'r Porth y tro hwnnw – i gael ei dderbyn gan y Derwydd. Yn sicr, nid ar chwarae bach yr oedd troi trwyn y Llew.

Ond erbyn diwedd y chwedegau, ac yntau erbyn hynny yn tynnu at ei naw deg oed, roedd 'na deimlad ymhlith rhai o aelodau Gorsedd Môn ei fod yn dechrau colli'i afael ar bethau a'i bod hi'n hen bryd chwilio am rywun ieuengach. Yn wir, yn dilyn Eisteddfod Bro Goronwy yn 1969, anfonodd y trefnwyr lleol lythyr beirniadol i Swyddogion yr Orsedd yn datgan, 'Y dylid rhoi sylw i'r ffaith nad yw rhan yr Orsedd yn yr Eisteddfod yn effeithiol o bell ffordd ac y dylid edrych yn fanwl ar ei gweithgaredd,' a chan fynd ymlaen ymhellach i awgrymu y dylai seremoni coroni'r bardd yng Nghemaes y flwyddyn ddilynol fod yn nwylo pobl ifanc o dan y deg ar hugain oed.

Mae'n debyg fod y Llew wedi ei glwyfo gan y feirniadaeth honno a'i fod o hefyd wedi synhwyro nad oedd ganddo gefnogaeth mwyafrif yr aelodau bellach. Ei ymddangosiad olaf oedd yn seremoni cyhoeddi Eisteddfod Cemaes yn 1969. Roedd o mewn hwyliau da ac yn amlwg yn edrych ymlaen at ŵyl lwyddiannus ymhen y flwyddyn, a'i gyfarchiad oddi ar y Maen Llog yn nhraddodiad gorau ei gyfarchion arferol dros y blynyddoedd. Er mai mater arall, wrth gwrs, oedd dehongli ystyr y cyfryw gyfarchiad!

Ond nid ar chwarae bach, fel yr awgrymwyd, yr oedd troi

trwyn y Llew ac os oedd rhai o'i gyn-gyfeillion gorseddol wedi chwarae ei frad ac wedi ceisio, a llwyddo, i roi cic go hegar yn ei setîn o, chwedl Wil Sam, fe gawsant glamp o sioc yn seremoni'r cadeirio yng Nghemaes yn 1970. Roedd 'na Dderwydd Gweinyddol newydd wrth y llyw erbyn hynny. Galwodd ar Syr Thomas Parry i draddodi'r feirniadaeth. 'Y Llen' oedd y testun gosodedig. Doedd hi ddim yn gystadleuaeth nodedig, mae'n wir. Pedwar oedd yn y ras ac awdl 'Ap Tarsus' a ddyfarnwyd yr orau, er nad ystyriwyd ei bod yn gampwaith. Eto i gyd, roedd rhai enghreifftiau o ganu telynegol eithaf arbennig ynddi er gwaetha'r ffaith fod ynddi hefyd nifer o linellau gwantan iawn ac o leiaf un oedd yn ddigynghanedd. Ar sail hynny aeth rhai ati i faentumio mai prifardd o Fôn oedd awdur crynswth y gerdd ond bod y Llew wedi taflu ambell un o'i berlau personol ei hun i mewn iddi o bryd i'w gilydd.

A doedd ryfedd fod pawb wedi ei syfrdanu pan safodd 'Ap Tarsus' ar ei draed. Meddai *Herald Môn*,

Golygfa fythgofiadwy oedd gweld Llew Llwydiarth, ac yntau o fewn chwe mis i'w ddegfed pen-blwydd a phedwar ugain, yn eistedd yn urddasol yn ei gadair ar yr union lwyfan y bu ef ei hun yn coroni ac yn cadeirio eraill arno am gyfnod mor faith,

a chan ychwanegu,

Mae llwyddiant Llew Llwydiarth eleni yn rhyfedd o gofio fel y bu rhai o'i gyd-aelodau yn ymgyrchu i'w gael i ymddiswyddo. Atebodd ei feirniaid yn y modd gorau posibl . . .

Dydw i ddim am fentro awgrymu mai am waith rhywun arall, a hwnnw'n brifardd cenedlaethol, y cafodd y Llew ei gadair. Y cyfan ddywedaf i ydi hyn, sef ei bod yn anodd esbonio awdl 'Y Llen' ochr yn ochr â gweddill gwaith Llew Llwydiarth! A hwyrach ei bod yn arwyddocaol mai'r cyfarchiad cyntaf i'w gyhoeddi yn *Herald Môn* yn union wedi Eisteddfod Cemaes oedd y canlynol o waith y Prifardd Tom Parri Jones:

Llew Llwydiarth
(Cadeirfardd Cemaes)

Y llynedd, roedd yn Llew heini – a'i fwng
　　yn fawr heb ei dorri;
　　Fel oen yw ef eleni.

I Gemaes, er yn giami, o'i wely
　　bu'n prowlan eleni,
　　Yn ei anterth yn neinti.

Hwn o'i wig yw'r brenin hen – a gwêl ef
　　fod ysglyfaeth awen
　　yn y bae dan ei bawen.

Rŵan mae'r Llew heb ruo – ei hoff her,
　　yn ei ffau mae'n swatio
　　â gwên wrth gnoi ei ginio!

Cofiwch, â'r cŵn yn cyfarth – ar ei ôl,
　　os yw'r wedd yn ddiarth,
　　llew ydyw, ie Llew Llwydiarth!

Cerdd fach sy'n dweud cyfrolau am yr holl bennod – yn enwedig y pennill olaf – gwaith un a oedd, efallai, yn gwybod y stori i gyd ac yn ei mwynhau hi!

Ychydig iawn a glywd am y Llew ar ôl ei ddiwrnod mawr. Ni fu cyfeiriad at ei lwyddiant yng Nghemaes ym mhwyllgorau Gorsedd Beirdd Ynys Môn. Fe fu sôn am gynnal cyfarfod i'w anrhydeddu yn Llannerch-y-medd yn 1971 ond does dim cofnod i hynny ddigwydd chwaith.

Bu farw noswyl Nadolig 1972 yn ddeuddeg a phedwar ugain oed, ac fe gafodd sylw hyd y diwedd. Dangoswyd ffilm o'i angladd ar rwydwaith y teledu masnachol – nid oherwydd ei bwysigrwydd fel bardd na chynghorydd mae gen i ofn, eithr fel rhan o raglen a oedd yn cael ei ffilmio ar y pryd ar alar a thrallod. Eto i gyd fe fynnodd aros yng nghanol y llwyfan hyd y foment olaf un.

Gwilym Owen

Gweithiau Arobryn

Prin iawn, iawn oedd y gwobrwyon a enillwyd gan y Llew yn Eisteddfod Môn tan yn bur ddiweddar yn ei oes. Ond ag yntau ar ddannedd ei ddeg a phedwar ugain, bu'n fuddugol yng nghystadleuaeth y cywydd coffa ym Modffordd, 1967 (er mai ef oedd yr unig gystadleuydd!) Yna, yng Nghemaes yn 1970, fe'i cadeiriwyd am ei awdl 'Y Llen'.

Barned y darllenydd drosto'i hun bellach a luniwyd hwy yn arddull arferol y Llew ynteu a oes ynddynt olion dylanwad rhith-awdur!

(Fe'u hatgynhyrchir yma drwy ganiatâd Llys Eisteddfod Môn.)

J.O. *

Y saer coed ac asiwr cân
a aeth o Fodffordd weithian,
Saer gorau geiriau neu goed,
Dyn â dawn hyd ei henoed;
Wrth ei fodd ar waith ei fainc
Neu awyrgylch bwth eurgainc.

I'w gyflogydd, rhôi ddydd iawn
Yn onest ac yn uniawn;
Un di-stŵr, ond ystyriai
Yr hyn oedd a'r hyn a wnâi
Â chydwas, – oni chadwai
Arno byth a rhannu bai?

* Ganed yn 'Rallt Ceint, nid nepell o Blas Penmynydd yn 1882. Addysgwyd yn Ysgol yr Eglwys, Llangefni. Saer Coed wrth ei alwedigaeth ond saer geiriau'n ogystal. Enillydd Cadair Môn; cynganeddwr medrus a bardd llwyddiannus iawn. Bu'n Dderwydd Gweinyddol am gyfnod hefyd. Bu farw yn 1945.

Ni rôi graith drwy'r gwaith i gyd
A faeddai ei gelfyddyd;
A'i glod, ei feistr a gludai
A'i enw yn wyn iawn a wnâi;
Heb neb dro yn lluchio llaid
Nac amharch gan gymheiriaid.

Dynesai wedi noswyl
At fainc hen ei awen ŵyl;
Ei bwrlwm yn ei barlwr
Ym mhob gair a gawsai'r gŵr;
A gloyw fodd ei gelfyddyd
A fyddai'i fodd ef o hyd.

O'i dŷ yn weithdy awen
Y rhôi i ni ei rin hen,
Iaith gyfoethog o fwthyn
Oedd fel bendith gwenith gwyn;
A'i lawysgrif, cyfrifem
Hi'n flaenaf oll, fel yn em!
Gadawai'i goed o i gyd
I iaith henfwth ei wynfyd.
Dôi awen a meudwyaeth,
Mynych siom a nych a saeth
Tŷaid o blant, a hud blin
Oedd wobrwy'i awen dibrin.
Fel â rhaid ei dŷaid o,
Athrylith a ŵyr wylo . . .
Ond hen aelwyd Duw'n olau
Oedd aelwyd y breuddwyd brau.

Yn gyson fe ymgeisiai,
Gwobrau ugeiniau a gâi.
Onid erys cadeiriau
I'w fro o hyd i'w fawrhau?

Mae'i 'Sgubor' dan ei choron
Â deuair mawr, – 'Cadair Môn'.
Diwylliant wnâi'i haeddiant o;
Ni châi addysg i'w chwyddo.
Ni châi aur, ni châi orau
Bywyd ein byd yn y bau.
Ond carai'r Crist fel Cristion,
Ni wnâi ffug na hoffa Iôn.
Un didwyll a da ydoedd,
Un amlwg anamlwg oedd.

O ddal ias yr hedd a led
Geinion Pentraeth lle'i ganed,
Drwy hen storm y drin a'i stŵr
Ni fu'i weled yn filwr
Â'i och, – gwell gan heddychwr
Oddef gwawd na chleddyf gŵr.
Carai'r Orsedd a hedd hon
Yn degwch Duw a digon;
A bu'n weinydd, Derwydd doeth,
A'i urddas yn amserddoeth.

Dyn oedd â nod ynddo i ni,
Tywysog mewn cwrteisi;
A mawredd ei gymeriad
A lunia'i le yn ei wlad.

Fe rôi ei farw friw i Fôn;
Ni chilia fyth o'i chalon.

A hiraeth uwch ei weryd
Wna'i enw hoff yn wyn o hyd.
A rhaid i frawd o'i wiw fro,
Ei hen gyfaill, ei gofio.

Y Llen

*(Cyflwynedig i'r diweddar Ddoctor Laslo, arbenigwr y llygad
yn Ysbyty Môn ac Arfon.)*

1

Di, len o dwllwch di-lun y deillion,
A bair ddirgelwch a bruddhâ'r galon;
Ni ddaeth hen ddyddiau weithion, os dôi'n haint
Trasiedi henaint a erys dynion.

Ai ti, len daear, yw ceiniog Charon,
Y Tâl i Rwyfwyr Tawel yr Afon?
Nid wyf yn agos i'r don, ond mi gaf
Y gwae diwethaf ar lygaid weithion.

Llen yr un ffunud â'r machlud, mae hon
Am gau y tegwch fel mwgwd Dagon.
I fwth, ni welaf weithion y plant mau,
Neu fwynhau oriau eu tyfu'n dirion.

Gŵr â ffon wen, a'i gorff yn union,
Bu ymbalfalu fel mewn adfeilion;
O garu gweld tonnau geirwon, tonnau
A bwya'r creigiau â broc o'r eigion.

Yn y bae gwyntog, pledant heb gyntun
Y gwylanod yn gawod o ewyn;
Yn ôd ysgafn yn disgyn ar y maes,
A bae hardd Cemaes fel bwrdd y cymun.

Y lli'n las wyn, fel lliain lês unwaith,
A hi, f'anwylaf, ni welaf eilwaith;
Dim ydfaes na Chemaes chwaith a'i gychod,
Dim ond anwybod mwy nad yw'n obaith.

Y dall ni ŵyr dwyll y neb
A chwennych ei drychineb.
Diolch am gi i dywys,
Gwell na brawd, heb goll na brys.

Onid cen ar lygad ci
Fy nhaid a gofiwn wedi?
A chi 'a gorlannai chwain!'
Ni redai fel ar adain.

Adref ceid ffydd o reidrwydd
Mewn cŵyr gwyn o gwilsyn gŵydd.
Rhwbiai Twm Jâms am amser
Ei gŵyr gwyn fel dagrau gwêr.

Gweld rhyw lwch ar gledr ei law,
A thestun y wyrth ddistaw. –
I'r llygad â'r plaen haenen
Chwythai'r llwch a thorri llen!

O chwythu llwch y bluen
Ac â'r llwch yn rhwygo'r llen,
I ffwrdd â'i Fos i ffridd faith
I nôl y defaid eilwaith!

Meddyginiaeth amaeth oedd
A wyddai gwŷr y ffriddoedd . . .
O! na welwn i eilwaith
Y wyrth a ganfûm un waith.

Yn oes aur Effesus hen roedd anwar
        Ddïana, a llawen
    Fyd yno i geisio gwên.

I ddi-ail dref addolwr y dduwies,
        Roedd rhyw Ddïor-deiliwr;
    A hoffai oes ei gôt ffwr.

Yn feistr ei oes, i brif stryd y dduwies
        'E ddôi meddyg hefyd,
    Yn creu balm enwoca'r byd.

Enwoca'r ddaear oedd o â solas
        Eli llygad ganddo;
    Fe roddai fara iddo.

Nid aweniaith Dïana a hitiai,
        Nid statws côt ddruta'
    I dlawd oes, ond eli da.

Yn lle'r rhwysg, i dywyll rai gweled aur
        Golau dydd a roddai
    Wedi'r nos a deyrnasai . . .

O! Effesus a'i phwysig eli hi,
        Na chawn les ei meddyg
    Heddiw'n fy nos anniddig.

Eli i agor dau lygad anniddig
        Heddiw ni phryn cariad,
    Na holl aur ar lethrau'r wlad.

4

Y golau a ddisgwyliwn,
Bartimeus dyheus am hwn, –
Anwylaf plant ni welwn.

Lle Cariad yw'r cread crwn . . .
Cyfaill pechadur, cofiwn
Raid y pryd y poerai Hwn.

Ar ddolur parodd elwch;
A'r Llanc a boerodd i'r llwch
Ni welwn i'r anialwch.

Gwâr oedd geiriau hawddgarwch
Y Llanc a wnaeth glai o'r llwch, –
Duw'r duwiau er y dûwch.

Hwn a roes y clai o raid
Yn llugoer ar y llygaid;
A darnio llen â dyrnaid.

Troes y gŵr heb betrus gam
I'w olchi i li Siloam;
Dŵr cynnes fel mynwes mam . . .

Mae Hwn er mwyn i minnau
Wadu cen y mwgwd cau
Wedi gweled y golau . . . ?

Ni roed, er dyfod yr ha',
Oleuwr Galilea
Yma i lwch yn fy mhla.

5

Ebr gwawdiwr: 'Ymhonnwr oedd!
Dim ond myth am byth bythoedd . . . !'
Dir a fu dyheu i dref y dûwch
Am Rwygwr y llen, y Poerwr i'r llwch.

'Ac ni thrig y Meddyg Mawr
Â'r pereiddlais i'r priddlawr . . . '
Roedd nos . . . a chwilio'r ddinas â chalon
Heb ei weld Yntau neu olau i hon.

'Dim ond aur duwiau'r dûwch
    Yw'r tlysni sy'n llosgi'n llwch . . . '
Oeda'i ochenaid . . . Ust! y dychanwr.
Yn fy llestr llaid y trig enaid gŵr.

    I hwn ei weld, Duw a wnaeth
    Degwch y greadigaeth.
Ni wnaed hen orchest i fod dan orchudd,
Na llen ar lygad gan y Cariad Cudd.

    Fe welwn ymbalfalu
    Trwy holl wae'r reiot a'r llu;
O wyll at Rwygwr fy llen lle trigai
Yn ninas harddwch, â'r dryswch ar drai.

    Yn y cul heol y caid
    Llaw i agor fy llygaid;
Heol yr enaid a elwir union,
A'r dydd bendigaid yn fy llygaid llon.

6

Gwyra llu i Rwygwr llen yn dawel,
        A cheir diolch f'awen
    Yr un derllys, rwy'n darllen
    Geiriau parch, a gwyro pen.

Pytiau gan hwn a'r llall ac arall

' . . . gŵr o allu diamheuol, sicr ei farn, penderfynol ei ysbryd, ar ei orau yn y seiat (ac ar ei feithiaf weithiau!) pan siaradai'n fyrfyfyr.'

Huw Llewelyn Williams, *Braslun o Hanes Methodistiaeth Calfinaidd Môn 1935-1970*, t.266.

'Roedden ni wedi picio o Fangor i roi cyfweliad iddo un tro a'r cwestiwn cyntaf a ofynnwyd inni gan y Llew wedi inni gyrraedd oedd –

"Fel be ydach chi isio 'nghyfweld i, ai fel henadur y Cyngor Sir, ai fel llywydd y Cyfarfod Misol ynteu ai fel Derwydd Gweinyddol Gorsedd Beirdd Ynys Môn?"

Ninnau'n ateb –

"Wel! Fel Derwydd Gweinyddol os gwelwch chi'n dda."

"Rhoswch funud 'ta," meddai yntau, ac fe aeth drwodd i newid i'w lifrai eisteddfodol i gael ei gyfweld ar gyfer rhaglen radio!'

Gohebydd o'r BBC

'Clywais rywun yn adrodd fel y bu iddo fynd â'r Llew yn ei gar modur i eisteddfod rywle ar y tir mawr. Roedd y drafnidiaeth yn bur drwm yng nghyffiniau Abergwyngregyn rywle ac un o ddynion yr AA neu'r RAC yn dod i'w cyfeiriad gan saliwtio pawb yr oedd ganddo fathodyn ar ei fonet. Fe sylwodd Llew fod y gŵr oedd yn reidio'r moto-beic wedi saliwtio, ac meddai –

"Mae 'na rai hyd yn oed yn y fan yma wedi fy nabod i ac yn dangos dyledus barch!"'

Geraint Wyn Jones,
Y Fali.

'Yn Eisteddfod Môn, Caergybi, 1962 y deuthum i gyffyrddiad go iawn ag ef. Fo, wrth reswm, oedd yn gweinyddu seremoni'r coroni ar y prynhawn Sadwrn. Buasech wedi ei glywed yn galw 'Arnallt', fy ffugenw, o Garreg-lefn acw!

'Faint ydi'ch oed chi?' holodd pan gyrhaeddais y llwyfan.

'Wyth ar hugain,' sibrydais innau.

Carthodd yntau ei wddf cyn cyhoeddi,

'Un ar hugain ydi o 'mhobol i!'

Roeddwn wedi ei weld rai blynyddoedd ynghynt mewn Gŵyl Ddiolchgarwch yn eglwys Llechcynfarwy. Gwyddoch am wasanaeth yr eglwys sy'n rhedeg yn llyfn a'r naill beth yn dilyn y llall yn naturiol. Curad Caergybi oeddwn i ar y pryd a'r person, Tom Williams (yr hynotaf o feibion Efa), i fod i gymryd y gwasanaeth. Ond pan ddaeth hi'n amser i ddarllen y llith gyntaf doedd neb yn mynd at y ddarllenfa. Rhag ofn y disgwylid i mi wneud dyma fi'n rhyw hanner codi, ond diolch i'r drefn aeth Tom Williams ymlaen i gyhoeddi ei fod am alw ar Archdderwydd Ynys Môn i gymryd rhan, a bod pawb ymhob man yn gwybod amdano, ac ati ac ati. Yna, wedi i'r Llew ochneidio a phesychu'n ddramatig yn ôl ei arfer, cododd yn hamddenol gan fynd at y ddarllenfa ac agor y Beibl i chwilio am ddarlleniad addas. Wedi mwy o chwythu, dechrau arni gyda rhyw 'Hm' fawr ar ddiwedd pob adnod. Hawdd credu, a minnau wedi'm trwytho mewn cefndir uchel-eglwysig yng Ngholeg Mihangel, Llandâf, 'mod i wedi fy syfrdanu! Heddiw, rhown y byd am gael gweld golygfa debyg yng ngolau'r lampau olew . . .

O.T. Williams (y Gari Tryfan gwreiddiol)* oedd fy rhagflaenydd i ym Modedern ond yr oedd o wedi pechu'n anfaddeuol yn erbyn y Llew am iddo ddangos amarch dychrynllyd tuag at y Derwydd Gweinyddol, ac yntau wedi colli ei lais yn Eisteddfod Môn, Bodedern, 1961, drwy gyfeirio ato fel 'Llygoden Lwydiarth'! Ond pan gyrhaeddais i dyma fo'n dweud ar goedd,

'Diolch ein bod ni wedi cael person call unwaith eto yn y plwy!'

Cofiaf ein bod yn gweinyddu mewn angladd un tro, yntau yn gweddïo yn y fynwent ac yn dweud ei bod yn gysur mawr inni oll nad oedd gennym lawer i fynd nes y byddem yn ailgyfarfod â'r ymadawedig. Wyth ar hugain oeddwn i ar y pryd, doeddwn i ddim yn dymuno ailgyfarfod yn rhy fuan!'

Edgar Jones

* O.T. Williams, o bosib, oedd y person y bu'r ffrwgwd enbyd rhyngddo a'r Llew yn yr angladd ym mynwent eglwys Llechcynfarwy un tro – gweler ysgrif J.O. Roberts. (- Gol.)

'Roedd yn gyfaill mawr i 'nhad (Huw Llewelyn Williams). Yn wir, roedd y 'Llewod' yn glòs iawn ac fe roddodd gryn foddhad i'r Derwydd Gweinyddol goroni'r Llew arall yn Eisteddfod Môn, Amlwch, 1961. Ond pan aed ati gyda'r ddefod deallwyd fod y goron ar goll!

"No Crown, No Coroni," gwaeddodd Geoff Charles, y tynnwr lluniau. Ond wedi dod o hyd iddi sylweddolwyd nad oedd yn ffitio, ei bod yn rhy fach i ben y bardd! Sôn am hwyl, y Derwydd Gweinyddol yn ffrwcsio i'w sodro ar ei gorun, a 'nhad ofn symud modfedd rhag iddi gwympo ar lawr!

Seremoni i'w chofio oedd honno.'

Meirion Llewelyn Williams

(Wedi achlysur ei gadeirio gan y Llew am ei awdl 'Trai' yn Eisteddfod Môn, Aberffraw, 1964.)

'Dyna'r unig dro imi ei gyfarfod. Ni chredaf iddo siarad efo fi o gwbl ar ôl y cadeirio. Ni chofiaf iddo wenu arnaf chwaith wrth fy nerbyn i'r llwyfan. Rhaid bod y cyfan yn fusnas go ddifrifol yn ei olwg!

Yn ystod y cyfnod hwnnw yr oedd rhai ym Môn wedi mynd i ddechrau amau a oedd yn gymwys i ddal ati fel Derwydd Gweinyddol ond nid oedd ef ar frys i fynd o'r neilltu! Credaf mai ateb ei feirniaid yr oedd o wrth iddo ddod â seremoni y cadeirio i ben yn 1964. Trodd at aelodau'r Orsedd gan ruo,

"Dyma'r ffordd iawn i gadeirio bardd."

Yr argraff a adawodd arnaf yn yr un cyfarfyddiad hwnnw oedd ei fod yn tybio ei fod yn rhywun ar wahân i weddill y Gorseddogion, ond ei fod ar adegau prin yn gallu ymostwng i lawr i'w lefel hwy!'

Y Prifardd Einion Evans

'Llew Llwydiarth ddeudsoch chi? Yr unig beth ydw i'n 'i gofio amdano fo ydi ei fod o wedi mynd i stêm ar 'i weddi yng Nghapel Gad acw ryw dro.

"Cofia, O! Arglwydd Mawr," medda fo, "am Brydain Fawr, rhag iddi byth fynd yn Brydain Fach."

Ma' gin i ofn na chafodd gweddi'r hen greadur mo'i hateb chwaith!'

Gwraig o Fodffordd

'Rydw i'n cofio taro arno yn Llangefni ar ryw ddydd Iau ynghanol y chwedegau rywbryd – cyfnod y Bityls – minnau'n gyw o ohebydd ar *Y Clorianydd* ac wedi tyfu fy ngwallt yn hir yn ôl y ffasiwn, er nad oedd fy ngwallt i, a bod yn deg, ddim hanner mor hir â'i eiddo fo chwaith – fo â'r mwng llaes claerwyn hwnnw at ei ysgwyddau.

Y peth cyntaf ddywedodd o wrtha' i oedd,

"Dos i dorri dy wallt."

Minnau'n ddigon beiddgar i ateb yn ôl,

"Wel! Llew Llwydiarth, mae'ch gwallt chi'n dipyn hirach na f'un i."

Yntau'n ateb yn syth,

"Wel ydi debyg iawn . . . ond mi rydw i'n FARDD . . . !"

Vaughan Hughes

'Nid oeddwn yn ei adnabod yn dda ond bûm yn ei gwmni ambell dro yn y chwedegau.

Arferwn ddychwelyd bob mis Awst gartref i Ros-y-bol i dreulio 'ngwyliau. Y pryd hwnnw roedd Owen Griffith, Siop Paget, Rhos-y-bol yn aelod o'r Cyngor Sir a byddai ef a Llew Llwydiarth yn cynrychioli'r Cyngor yn yr Eisteddfod Genedlaethol. Fy ngorchwyl i oedd bod yn sioffar iddynt drwy fynd â nhw yng nghar modur y Paget i ble bynnag y digwyddai'r Eisteddfod gael ei chynnal.

Cofiaf fynd â nhw i Lanelli. Bu'n rhaid cychwyn yn blygeiniol a chodi'r Llew ar sgwâr Llannerch-y-medd. Roedd gwraig y Paget wedi paratoi brechdanau a fflasgiau te i ni ar gyfer y siwrnai. Ond bu'r Llew cystal â'i enw oherwydd fe sglaffiodd ac fe gladdodd y rhan helaethaf o'r bwyd cyn inni gyrraedd hanner ffordd! Sôn am y *Lion's Share* wir. Tebyg na chafodd o frecwast cyn cychwyn y bore hwnnw!

Ymlaen â ni ar hyd ffyrdd troellog canolbarth Cymru 'na. Cyfeiriodd Owen Griffith at y lein wen ar ganol y ffordd gan ddatgan ei bod yn gymorth mawr i unrhyw yrrwr modur. Roedd hynny'n ddigon o sbardun i'r Llew fynd ati i gyfansoddi englyn i'r "Lein Wen" gan fwmian bob yn ail â rhoi ambell floedd o'r sêt gefn am un filltir ddiflas ar ôl milltir! Doedd y lein wen fawr o gymorth imi y bore hwnnw beth bynnag canys roedd oernadau'r Llew wrth ymgodymu â'r awen yn ddigon imi neidio o 'nghroen a mynd i'r wal. A hen englyn digon sâl oedd o yn y diwedd hefyd. O leia ni chofiaf mohono heddiw!

Ychydig cyn cyrraedd Llanelli cefais orchymyn sydyn i aros.

'Stopiwch Wilias! Stopiwch! Rydw i isio troi clos.'

Nid hawdd yw dod o hyd i lecyn preifat i ddyn gyflawni gorchwyl mor angenrheidiol ar ochr y lôn fawr, yn enwedig pan gofir mai Derwydd Gweinyddol Gorsedd Beirdd Ynys Môn oedd y dyn hwnnw. Ond, o'r diwedd, mi welais borth yn arwain i gae a chyn imi allu stopio yn iawn roedd y Llew yn gwibio allan fel roced ac yn clirio'r giât fel ewig chwim! Yn wir, mi fasa'n rhaid i Colin Jackson fod ar ei orau i guro'r Llwydiarth y bore hwnnw!

Ar ôl y cinio swyddogol i'r cynrychiolwyr (cefais innau fy smyglo i mewn gan Owen Griffith), aeth y Llew ei ffordd ei hun gan ein gadael ni'n dau i'n siawns hyd amser cychwyn am adre.

Cofiaf inni'n tri alw mewn rhyw gaffi yn Wrecsam am bryd o fwyd ar ein ffordd o Eisteddfod y Rhos wedyn. Eisteddai Owen Griffith a minnau wrth un bwrdd ond yr oedd yn rhaid iddo fo gael bwrdd iddo fo ei hun ym mhen arall yr ystafell mor bell â phosib oddi wrthym ni.

Rhaid imi ddweud y gwir plaen mai rhyw greadur braidd yn chwyddedig oeddwn i yn 'i gael o ac yn tueddu i fod yn bowld ar brydiau, ond mi glywais hen fodryb imi o Garmel yn tystio iddo wneud llawer o ddaioni i bobl yr ardal pan oedd yn aelod o'r Cyngor Sir.

Ond am 'i englynion o, 'sgin i fawr o gymhwyster i basio barn, ond fel y dywedodd hen gyfaill,

"Mi fasan nhw'n iawn tasat ti'n medru'u dallt nhw!"'

John Williams (Hathern ger Loughborough)

'Rydw i'n 'i gofio fo'n cael ei ethol yn llywydd yr Henaduriaeth. Yn Ysgoldy Paran yr oeddem ni ar y pryd a rhywun yn ei longyfarch gan ddweud bod 'na lew yn llywydd y Cyfarfod Misol! Ond dyma'r Parch. J.D. Jones, Llangaffo yn ateb yn ddigon siort,

"Mae mwy o'r oen ynddo fo na'r llew."

Oedd, mi roedd 'na lew ynddo ond mi welais innau hefyd, a hynny droeon, yr oen ynddo yn mynnu dod i'r golwg.'

Ann E. Hughes, Blaen-y-coed, Bodffordd

'Bûm yn cyd-weithio ag ef am flynyddoedd. Yr oedd gen i gryn feddwl ohono – tipyn o'i ofn hefyd pan ymunais â'r Orsedd i ddechrau . . .

Nid oedd yn hoffi defnyddio meic. Âi heibio iddo i flaen y llwyfan bob gafael. Gwyddoch fod ganddo lais dwfn a threiddgar ond yr oedd ei sibrwd yn gallu diasbedain dros bob man hefyd, yn arbennig pan ddôi yn ôl i ofyn rhywbeth gen i, a'r sibrwd hwnnw wedyn, drwy gyfrwng y meic, yn cael ei gario i gyrion eithaf unrhyw babell!'

Mair Mathafarn,
Cofiadur presennol Gorsedd Beirdd Ynys Môn

'Mi glywsoch, mae'n siŵr, y stori am ei ddull o gadw "Gorsedd y Bais" mewn trefn, a chael ei ailethol yn Dderwydd Gweinyddol o flwyddyn i flwyddyn drwy roi panad i rai o'r merched yn yr Avondale, Llangefni ar bnawn Difia – sefydliad a ddaeth i'w adnabod fel y *Lyon's Tea*!

Rhyngom ni'n dau y mae honna – os na chlywsoch chi hi o rywle arall.'

Di-enw

'Fe wyddoch am y cysylltiad oedd rhyngddo a Tom Parri Jones, gwyddoch? Wel, fasa 'na neb fawr callach, rydach chi'n dallt, oni bai i Llew a Soffi fynd i wrthdrawiad yn erbyn rhyw gar arall yng nghroeslon Cefn Cwmwd 'na ryw dro. Ar ei ffordd o Dŷ Pigyn yr oedd o – wedi bod yn cynllwynio rywbath, siŵr i chi – a dyna sut y gollyngwyd y gath o'r cwd rydach chi'n gweld.

Mi ddaeth pawb i ddallt wedyn 'n do? Ond ddeuda' i ddim rhagor, ar wahân hwyrach i ychwanegu na cheidw'r diafol mo'i was yn hir yn yr hen fyd 'ma . . . na wnaiff, wirionadd inna . . . gwaith y nos y dydd a'i dengys, rownd y bedlan w'chi.'

Oddi ar un o glociau teulu'r glep!

'Mewn cyfarfod o'r Cyngor Plwyf yng Ngharmel unwaith penderfynwyd anfon llythyr ynghylch rhyw fater i adran *Roads and Bridges* y Cyngor Sir yn Llangefni. Mynnodd y Llew fod yr ysgrifennydd yn cyfeirio'r ohebiaeth i "Adran Ffyrdd a *Phynt*", tra bod rhai o'i gyd-aelodau yn dadlau'n chwyrn mai "Adran Ffyrdd a *Phontydd*" oedd y ffurf Gymraeg gywir. Ond nid oedd ef, ar unrhyw gyfrif, am ildio.

Roedd ei farn yn derfynol ac anffaeledig. Drannoeth, fodd bynnag, galwodd heibio i gartref yr ysgrifennydd.

"Rydw i wedi bod yn meddwl," meddai. "Hm! Hwyrach mai gwell fyddai iti roi 'Pontydd' ar yr amlen . . . er bod 'Pynt' wrth gwrs, yn llawer mwy clasurol!"'

Aelod o'r Cyngor Plwyf

'Glywsoch chi'r hen raglen radio 'na amdano fo ryw nos Sul llynedd (1995) – honno yn y gyfres *Sglein*?

Diar annw'l! Mi gafodd yr hen greadur gam ganddyn

nhw. Rhyw dueddu i'w gymryd o'n ysgafn yr oeddan nhw – cyflwyno darlun llawar rhy unochrog yntê?

Damit las! Nid un felly oedd o w'chi. Wel! nid dyna'r dyn y dois i i'w nabod beth bynnag. Roedd o'n llawar iawn uwch 'i barch na'r argraff a roddwyd ar y weiarles beth bynnag. Oedd, neno'r Tad! Ac mi roddodd gyfraniad mawr i Shir Fôn 'ma w'chi. Mi gynhaliodd ran helaeth o gymdeithas am flynyddoedd – yr Orsedd am chwarter canrif, fel aelod etholedig dros ei ardal ar y Cyngor Sir wedyn, a chan ennyn parch ato'i hun mewn byd ac eglwys ledled yr ynys. Diolch ddylem ni ei fod o'n wahanol, ei fod o'n gymeriad. A Duw a ŵyr fod angen pobol o'r fath arnom.

A wyddoch chi be, tasa'r hen raglan *Sglein* honno wedi ei darlledu ar nos Sul rywbryd yn y dau neu'r tridegau, yn y cyfnod pan oedd o yn ei anterth, mi dyffeia' i chi y basa'r saith a gymerodd ran ynddi wedi eu lynshio gan ei syportars o ar sgwâr Llannerch-y-medd fore trannoeth, fel na fydda 'na ddim mwy o sôn amdanyn nhw. Ffaith i chi!

Ac os ydach chitha'n bwriadu cyhoeddi llyfr amdano, gofalwch 'ych bod chi'n dangos y ddwy ochor.

O! oedd, roedd ganddo ei edmygwyr – ac mi roeddwn i yn y rheng flaenaf o'r edmygwyr rheiny . . . '

Edmygydd

Yr Ocsiwn

Gwanwyn 1973 oedd hi. Fe gofiaf mai ar nos Fawrth y gwelais yr hysbyseb (nos Fawrth *oedd* noson *Herald Môn*). Sylwi i ddechrau bod Tŷ Hen ar werth; Wmffra Wilias am roi'r gorau iddi felly, y sêl i'w chynnal o fewn y mis, Morgan Ifas i gael gwerthu. Bron na thaerech fod y Sir i gyd ar y farchnad, afrifed y colofnau 'Eiddo ar Werth'. Ac ar fy llw, beth welwn i'n rhythu arnaf i o ganol y drydedd golofn ar yr ail dudalen, mewn du a gwyn na ellid ei fethu, ond y geiriau – '*Auction Sale Of Good Quality and Effects, Being The Entire Contents of Arosfa, Carmel, Llannerch-y-medd, Including Lots of Antique Furniture, Household Items And Sundries . . .*' yr ocsiwn i ddechrau am un o'r gloch y prynhawn, '*briefly comprising, Staffordshire figures, lustre jugs, brassware and an assortment of books*'. Ac roedd y tŷ, neu'r bynglo, i fynd hefyd.

Ychydig ynghynt clywswn si fod Tŷ'r Ysgol, Rhyd-ddu ar werth, ac roeddwn i wedi sylwi bod y *Caernarvon and Denbigh Herald* yn gwneud ei orau glas i gael gwared â'r hyn a alwai'n '*the old home of author W.J. Gruffydd*' ym Methel. Ond rhwng y Sir Gaernaris a'u pethau, doeddwn i rioed wedi credu y rhoddid Arosfa o bob man ar y farchnad. Ond ei werthu gafodd yntau – y fo, ei '*entire contents*' a'i '*sundries*'. Yn wir, bûm yn llygad-dysg i'r ysbeilio, yn un o'r ysbeilwyr fy hun yn yr union fangre y bu'r Llew yn treulio blynyddoedd olaf ei oes. Euthum â chyfaill o weinidog, y Parchedig Idwal Wynne Jones, yno efo mi i leddfu peth ar fy nghydwybod.

Ond fe drodd yntau yn ysbeiliwr yn ogystal. Dychwelodd adref efo clamp o debot arian, bargen os bu un erioed.

Yr oedd pawb wedi cyrraedd yn brydlon erbyn un o'r gloch, 'pob Twm, Dic a Harri a Mari a mwy,' a William Jones, Tremadog wedi ei rhagweld hi'n berffaith. Yno roedden nhw â'u llinyn mesur ar bopeth,

> . . . ar gadair a glwth
> Gan chwilio'i gypyrddau â'u safnau yn rhwth . . .
> A d'wedyd a fynnont yr oeddynt bob un,
> Y taclau digywilydd ar ei aelwyd ei hun.

Ond cystal i minnau hefyd gyfaddef 'mod i wedi prynu un swfenîr bychan – y teclyn bach delaf welsoch chi i ddal cwilsyn a photiau inc. *Ink Stand*, dyna deitl y trêd am y cyfryw beth, y math o gelficyn y gellid ei osod ar *escritoire* mewn tai bonheddig. Er, mae'n debyg nad oedd *escritoire* yn Arosfa na Pharc Newydd nac yn unman arall ble bu'n trigiannu, ac mai ar fwrdd y gegin y cyfansoddai ef ei gampweithiau!

Cofiwch chi, yr oedd yna ambell dwll pry' yn yr handlen ac angen dybryd crafu'r baw i ffwrdd oddi arno, ond chostiodd o ddim ond pum swllt ar hugain. Tebyg fod y Llew wedi gorffwyso'i bin dur arno droeon wrth raffu'i englynion ar hyd y cenedlaethau!

Doedd gen i fawr o ddiddordeb yn y ciarpads, yr hangings na'r tegins ond cyn bo hir daethpwyd at y llyfrau ynghyd â'r cwpwrdd gwydr oedd yn gartref iddynt. A dyna union faint ei lyfrgell – llond un cwpwrdd, ond bod yr un hwnnw yn un o faintioli lled sylweddol, o destunau eisteddfodau a'u cyfansoddiadau buddugol ac esboniadau Beiblaidd gan mwyaf yn ogystal â dyrnaid neu ddau o gyfrolau yn ymwneud â Môn yn ei hamryfal agweddau. Gwerthwyd y Beibl Mawr â'i glaspiau pres am ddeunaw punt ond, er mwyn hwylustod, bwriwyd y gweddill at ei gilydd yn fwndeli o ddwsin yr un.

'Yr hen greadur,' sylwodd rhywun, "I lyfra bach o'n mynd rhwng y cŵn a'r brain.'

Ac am eu bod nhw'n mynd mor rhad mi gred'is innau i gynnig am fwndal. Wnawn i ddim torri ar ddeg ceiniog! Nid 'mod i wedi cael bargen nodedig chwaith ond ym mhlygion un ohonyn nhw, *Cyfrol Goffa Diwygiad 1904-05* gyda'i ddarluniau niferus o Ifan Robaitsh, mi ddois o hyd i un o bregethau'r Llew ac ychydig o'i englynion.

Yno yr oedden nhw yn ei lawysgrifen o ei hun: darn o emyn wedi ei sgriblo ar bapur *B.O.C.M. Poultry Food*; englynion coffa i'r cerddor a'r prifathro Cecil Jones, Cemaes a Mr Cledwyn Hughes, Llangefni (brawd y diweddar Barchedig D. Cwyfan Hughes, Amlwch); englyn i longyfarch Mr R. Pritchard, Biwmares ar ei ethol i'r Cyngor Sir – ynghyd ag un i'w nith – Mrs Soffi Roberts a fu'n ymgeledd mor gymwys iddo yn ystod ei fisoedd olaf ac a oedd wedi dathlu ei phedwar ugain ym mis Awst 1970:

> Y mae fy hoff nith Soffi – ar agwedd
> Pedwar ugain 'leni
> A rhodder rhagor iddi
> O! Dduw nef, weddiwn ni.

Mae englyn arall yn cyfeirio at ddigwyddiad tyngedfennol a phellgyrhaeddol yn hanes y ddynoliaeth, er mai moesoli traddodiadol yn null y pregethwr cynorthwyol a geir ynddo:

Gwallgofrwydd (mynd i'r lleuad)

> Treio llaw tua'r lleuad – a wna dyn
> Â doniau pendroniad;
> Barbaraidd wib yw'r bwriad
> Na ry' les i unrhyw wlad.

Ond bardd un gadair, os hyd yn oed un, oedd o fe gofier! Ond beth ddaeth o'r gadair honno tybed? Ddaeth hi ddim dan y morthwyl y prynhawn hwnnw beth bynnag.

Un ddalen yn unig o'r bregeth sydd wedi goroesi – rhagymadrodd hirfaith i destun wedi ei godi o'r drydedd bennod o Efengyl Ioan, ymgom yr Iesu â Nicodemus liw nos – truth goreiriog sy'n rhagdybio traethu tan o leiaf bum munud ar hugain wedi tri ar brynhawn Sul trymaidd! A chydag Ifan Robaitsh yng *Nghyfrol Goffa Diwygiad 1904-05* y maen nhw o hyd, dim ond eu bod wedi newid silff a newid cwpwrdd a chroesi'r bont i Sir Gaernarfon ble mae un o hogiau'r Fam yn dal o hyd i'w gwarchod.

Ychydig iawn o Orseddogion Môn a welais i yno'r diwrnod hwnnw – er na wn i ddim pam – ond doethach efallai fyddai ymatal rhag dyfalu gormod ynghylch hynny. Mae gen i syniad hefyd bod un neu ddwy o gyfrolau digon gwerthfawr wedi mynd drwy'r rhwyd cyn y diwedd, petai rhywun ddim ond yn gwybod eu gwerth; ond nid oedd Cymdeithas Bob Owen na'r *Casglwr* yn bod bryd hynny.

Roedd y cyfan drosodd yn deidi erbyn tua chwarter i bump a phawb a ddaethai yno'n barod i'w hel hi am adref. Allwn innau, yn fy myw, ddim cael gwared â chwpled olaf William Jones, Tremadog i'r 'Ocsiwn' o'm meddwl. Maddeued y bardd yr aralleiriad:

Fe lynai pob tafod i'w daflod yn dynn
Pe cawsai roi untro'n eu plith yn ei wyn.

Neu yn ei lifrai gorseddol! Ond nid wedi galw am 'Heddwch' fyddai'r Cyn-dderwydd Gweinyddol petai wedi dychwelyd y prynhawn hwnnw, o beth sy'n siŵr i chi, eithr gwneud i bawb ei sgrialu hi oddi yno yn abal handi ac am eu hoedl!

P'run bynnag, ddaeth o ddim, a chyn nos roedd 'i betha fo i gyd ar chwâl, ambell jwg lystr yn addurno silff ben tân clamp o ddyn busnes o Burnley hwyrach, a'r *Staffordshire* o bosib, ar eu ffordd i lolfa gwraig flonegog o Fryste tra bod y tebot arian wedi cyrraedd ei gartref newydd mewn mans yn Eifionydd.

Ddyliwn innau chwaith ddim cwyno oblegid mae'r teclyn dal cwilsyn ac inc yn ddigon twt yn ei le ar y ddesg yn y tŷ acw. Fe gostiai lawer mwy na phum swllt ar hugain heddiw. A choelia' i byth nad yw'r tyllau pryfaid yn ychwanegu at ei werth!

Y Golygydd

Llyfrau eraill gan William Owen: